Vejen til Livet

Bevidsthed er Nøglen

Trilogien Det Nye Univers

Bind 1

Jørgen Finnemann

Vejen til Livet

Bevidsthed er Nøglen

Sundhed   Samskabelse   Eksistens

Trilogien Det Nye Univers

Bind 1

Jørgen Finnemann

Vejen til Livet – Bevidsthed er Nøglen

1. udgave, 1. oplag

Forlag: BoD · Books on Demand, Strandvejen 100,
2900 Hellerup, bod@bod.dk
Tryk: Libri Plureos GmbH, Friedensallee 273,
22763 Hamborg, Tyskland

Omslag og Layout : Jørgen Finnemann
ISBN: 978-87-7170-011-4

Kunstig Intelligens har været et nyttigt redskab i den tekniske del.
Teksten i trilogien skrives 100 % af forfatteren,
Sproglige spørgsmål er konfereret med Alberte
ChatGPT har fundet eller forbedret billeder.
Forsidesymbolet er dannet med Canva AI.

Af samme forfatter:

De Syv Vise
Magien i Intetheden
Det Evige Nu

Indholdsfortegnelse

På skuldrene af Niels Bohr

Jeg er som fysiker knyttet til Niels Bohr på måder, der virker magisk. Helt konkret er jeg anden generations elev af Niels Bohr, idet min vejleder på Århus Universitet, professor Jens Lindhard var elev af Niels Bohr.

I denne bog præsenterer jeg *Nielsens Bevidsthedsmodel* som en tolvdimensionel model af sjælsbevidstheden. Den har fået det navn i respekt for mit fødenavn. Modellen blev udviklet i 2013, netop 100 år efter Niels Bohrs berømte atommodel. Bohrs model blev forløber for udviklingen af kvantemekanikken på Niels Bohr Instituttet frem til den endelige formulering i 1925.

Det forunderlige, ja magiske er at opleve, hvordan bevidsthedsmodellen blev min forløber for præsentationen af verdensbilledet *Det Nye Univers* i 2025. Et bevidsthedsunivers, der rummer kvantefysikken.

ALT, HVAD VI KALDER VIRKELIGHEDEN,
ER LAVET AF TING, DER IKKE KAN
BETRAGTES SOM VIRKELIGE.
Niels Bohr

HVAD NU, HVIS TINGENE ER LAVET AF
BEVIDSTHED, AT BEVIDSTHED ER
VORES EGENTLIGE EKSISTENS
Jørgen Finnemann

Prolog

Kærligheden

Bag trilogien ligger der en kærlighed
en kærlighed på alle planer
en ubetinget kærlighed

En kærlighed, der bærer
en kærlighed, der samler
kærligheden bag al skabelse

En kærlighed som al tings årsag
på samme tid en del af alt det skabte
en kærlighed som felt, der gennemtrænger alt
og samtidig en impuls i den skabende bevidsthed
en impuls til skabelse, samhørighed, en skabertrang

Drivkraften

Jeg skriver blot af kærlighed
at se på al den smerte
al den kamp
al den angst i verden
det kalder på at gøre noget
for mig er det at skrive denne trilogi

Og dog

Det hele er jo kommet som en impuls
at jeg skal skrive trilogien om Det Nye Univers
men drivkraften til at føre det igennem
kommer af at se den dybe afmagt i den store verden

Det er nødvendighedens stærke kraft
fordi jeg har den klare indre viden
at det, der kan føre menneskene igennem
er at åbne til det liv, der følger af at lukke op
at åbne til al den visdom, kraft og kærlighed
der gemmer sig i vor højere bevidsthed

Kærlighed og Kvantefelt

Kærligheden lever dybt i hver og én
i hvert et menneske, plante, dyr og sten
kærligheden er en essens, et kim
en kvalitet i vor bevidsthed

kærligheden møder videnskaben som et kvantefelt
og kvantefelter gennemtrænger hele universet
vi kan mærke kærligheden i os selv
i vores hjerte, ja overalt i kroppen
i vores celler, når blot vi åbner op
og lader energien flyde frit

Det evolutionære

Trilogien handler da om dette ene
at manifestere denne kærlighed
materialisere den inde i os selv
og dermed også i det kollektive
vi skaber nye samfundsformer

Kærligheden virker som impuls
den fundamentale kraft i universet
i sin essens er den ren og ubesmittelig
den er uudtømmelig og har uend'lig styrke
det er den drivende kraft bag evolutionen

Vi er en del af denne evolution
generationer, der forandrer verden
det er som om, der er en kosmisk plan

Det formidlende

Det vil trilogien uddybe på forskellig vis
det er på en gang ganske enkelt og dog komplekst
da det udfoldes i det lineære sprog, som en bog må gøre det

Der er mange perspektiver og modeller
de er som tilnærmelser til den ægte rene sandhed
de anskueliggør og viser vej for den, der mærker resonans
resonans er en af kroppens mange måder til at mærke sandhed

. . . .

Indledning til Trilogien

Velkommen til trilogien Det Nye Univers.

Velkommen til en magisk rejse, hvor vi udforsker bevidsthedens natur.

Og velkommen til udfoldelsen af et verdensbillede, der bygger på bevidsthed som fundament og energi som et bærende element.

Det Nye Univers er et verdensbillede og en måde at leve livet i overensstemmelse med Hjertets Visdom og Kroppens Sandhed.

Trilogien bygger på erfaringer gennem de seneste 12 år. Den udfolder verdensbilledet og gør det samtidig konkret med røde tråde om sundhed, samskabelse og eksistens.

Vi møder et verdensbillede, hvor videnskab og spiritualitet smelter sammen som to måder at forstå verden, være i verden, opleve verden. Det er en indre og en ydre tilgang til livet, der forenes og integreres. Vi skal se, hvordan naturvidenskaben er indeholdt i Det Nye Univers, hvor bevidstheden er grundstoffet, og naturvidenskaben er broen til teknologi.

Det nye Univers er magisk i sin multidimensionalitet. Langt hen ad vejen er det en magi, der er kendt fra kvantefysikken, og vi skal se, hvordan kvantefelternes egenskaber fører til det afgørende skridt: at de er bevidsthed. Dermed smelter de to verdensbilleder sammen. Kvantefelternes fysik forklarer også, at jeg i bevidsthedsrejser oplever, at vores univers er åbent. Det betyder, at det fysiske univers kan modtage energi fra en ikke-fysisk kilde, når vi finder den rette resonans med denne kilde. Det betyder, at fri energi er en af fremtidens energikilder.

Nøglen til Det Nye Univers er, at vi har en højere bevidsthed, og at alle har mulighed for at åbne til denne livgivende kilde. Vi er meget mere end det, vi hører i den offentlige fortælling, der læner sig op af naturvidenskaben. Trilogiens opgave er at være med til at åbne for de mange nye muligheder, der ligger foran os i kraft af den højere bevidsthed.

Trilogiens vigtigste pointe og eksistensberettigelse er, at den giver et svar på den udfordring, menneskeheden står midt i. Og svaret kommer gennem tre røde tråde, der som en treenighed udfolder betydningen af den højere bevidsthed:

- o Sundhedstråden inddrager den højere bevidsthed i vores selvhelbredende kræfter. Indre dialog med vore celler åbenbarer helt nye muligheder for sundhed og helbredelse.

- o Skabelsestråden viser, hvordan vi kan samarbejde med den højere bevidsthed i udformningen af fremtiden på Jorden. Vi skal se nye principper og arbejdsformer til at organisere det ydre liv, hvad enten vi taler politik, virksomheder eller frivillige sammenhænge. Spirituel Ledelse kan modernisere vores demokrati.

- o Det eksistentielle spor er et metaniveau. Jo mere vi kommer i kontakt med den højere bevidsthed, desto dybere kommer vi ind i os selv og finder en indre ro og glæde, som kan være selve rejsens formål.

De tre bøger har hver sit perspektiv på livet.

Den første Bog, *Vejen til Livet – Bevidsthed er Nøglen*, skrives i personlighedens perspektiv. Vi undersøger bevidstheden og opdager, at alt har bevidsthed. Stjernerne og galakserne i rummet, atomerne og cellerne i kroppen. Vi arbejder med indre dialoger og genfinder vores sjæl. Det fører til en dybere forståelse af de funktionelle lidelser og hvordan de kan håndteres. Og videre til at tale om kræft og kræftens gåde.

I trilogiens anden bog, *Den Vi Er – Den Magiske Bevidsthed*, flytter vi vores identifikation og ser det hele i bevidsthedens perspektiv. Vi er bevidsthed, alt er bevidsthed, og vi møder universelle bevidsthedsfelter som Fred, Grace og Kærlighed. Vi skal se, hvordan vi forbinder os med disse felter, og hvad de betyder for os. Bogen vil indeholde idegrundlaget for Bevidsthedshospitalet 2040.

Bind 3 er en åben bog. Åben for hvad der sker i disse år, hvor kvante- og bevidsthedsteknologier bryder frem. Den vil være mere nørdet omkring det naturvidenskabelige, men også komme ind på det nyvidenskabelige, hvor det indre og ydre liv smelter sammen.

Et eksempel på det sidste vil vi se med kvantecomputerne. De er så følsomme, at vi kommer til at se dem som eksempel på Niels Bohrs berømte ord om kvantefysikkens filosofi: "Vi er en del af det, vi observerer".

Bind 3 vil også komme ind på opdagelsen af to nye naturkræfter, som kan kaldes for den stærke og den svage dimensionskraft. Og der vil være en omtale mine erfaringer med antistof og mørkt stof i en række bevidsthedsrejser.

Trilogien indeholder øvelser om bevidsthed. Det understreger, at det Nye Univers er et levende univers af energi og bevidsthed, hvor personlige erfaringer er centrale. Vi er en del af dette univers.

Øvelserne giver læseren mulighed for at gøre erfaringer, efterhånden som læsningen skrider fremad. Nogle øvelser kan udføres af alle, mens andre kræver forudgående erfaringer med meditation for at få fuldt udbytte af dem.

Indledning til *Vejen til Livet*

Vejen til livet – Bevidstheden er Nøglen er en rejse gennem sjælens mange lag. Det er en udforskning og kortlægning af sjælens struktur og samtidig en langsom integration af dybere og dybere lag af os selv.

Bogen tager læseren med på indre bevidsthedsrejser. Det fører os til kontakt med vores celler og dybere ind til atomerne i kroppen. Vi ser, hvordan rejsen ind i kroppen også er en rejse ud i rummet. Bevidstheden i vores celler er i resonans med bevidstheden i stjernerne, og atomerne er i resonans med galakserne

.

Øvelser i indre dialog åbner døren for, at læseren tager med på rejsen, hvad enten det er ind i kroppen eller ud i universet.

De indre rejser åbner trilogiens tre spor: sundhed, samskabelse og det eksistentielle, hvem vi er.

Nøglen hertil ligger i bogens vigtigste erkendelse: Bag den fysiske verden findes et skabende og livgivende bevidsthedsfelt, vores højere bevidsthed. Alt har bevidsthed. Celler og atomer, sten og vand, stjerner og galakser. Og adgangen til dette felt ligger i vore celler.

Det betyder, at vi kan forbinde os med cellerne i kroppen. Gennem indre dialoger kommer vi dermed i forbindelse med vores højere bevidsthed. Det åbner for en dybere integration og forståelse af vores sande natur, og det giver os mulighed for at arbejde konkret med vores sundhed.

Sundhedstråden fører os til at indse, at den højere bevidsthed er en del af vores selvhelbredende kræfter. Vi bliver i stand til at arbejde med selvhelbredelse på helt nye måder.

Bogen er en lang skabelsesproces. Vi udforsker dybere og dybere dele af os selv, og nyskaber hele tiden den, vi er. Samtidig får vi med åbningen til den højere bevidsthed også helt nye arbejdsmåder til at skabe samfund.

Vi skal se, hvordan vi kan gå i dialog med gruppeenergier. Vi kan komme i dialog med en organisation, en virksomhed, en forening eller et bofællesskab. Der er forslag om at integrere spirituel ledelse i et politisk parti og et eksempel på, at det er gjort i en dansk virksomhed. Det er en nøgle til at udvikle vores samfund.

Det eksistentielle
Bogen er en langsom udfoldelse af sjælsbevidstheden fra cellebevidsthed til kvanteniveau.

Det er forunderligt at opdage, hvordan vi bevæger os fra det personlige til det kollektive. Vi kommer ind i områder, hvor personligheden opløses på samme måde som kvantefysikken fortæller, at elektroner ikke er partikler. At de kan optræde som bølger eller partikler, og at deres egentlige eksistens er et eneste kvantefelt, som gennemtrænger hele universet.

Denne opløsning og skifte i identitet møder vi også inde i os selv. Vi møder den på et sjælsniveau, hvor vi oplever det som stærene i sort sol. At vi nok har en identitet ligesom den enkelte stær, men vi er samtidig en del af noget større, noget fælles. Vi er i et fælles flow, en fælles bølge. Det er her, vi hænger sammen med hinanden, med naturen og med kosmos. Vi er på vej mod den enhed, hvoraf alt er udsprunget. Den enhed, der rummer kilden til alt. Et åndsunivers, der rækker ud over tid og rum. En ren bevidsthed. Enhed.

Det Nye Univers er et billede på dette. Det repræsenterer en forståelse af al tings sammenhæng og samhørighed. Og det er en måde at leve sit liv med en højere bevidsthed som nøgle til at åbne for en række muligheder. Disse muligheder giver os chancen for at tage et større medansvar for vores eget liv.

Der er ikke mere at spille om
Nu er det kun at lege
Være som barnet
Ukompliceret
Nysgerrig
Åben

♡

Tråde i Bogen

Det er muligt at følge en enkelt tråd uden at læse hele bogen: Kapitel 1 og 2 danner baggrund med omtale af de bevidsthedsrejser, der ligger til grund for Nielsens Bevidsthedsmodel. Jeg henviser ofte til 3 d, 4 d osv., de 12 bevidsthedslag, som er vist på figur 2.

Trådene:

Sundhed: kapitel 2.5, 2.7, 3, (5), 10-12.

Skabelse, Samskabelse: kapitel (5), (6), 8

Det eksistentielle: kapitel 1, 2, (4), 5, 6, 9, 10, 11, 12.

Videnskab og Spiritualitet Kapitel 9

På bogens sidste sider findes appendix, en liste med litteratur og links, en ordliste og et indeks.

Appendix 1 omtaler to spirituelle retninger, jeg har fulgt. I årene 2013-18 arbejdede jeg med i Mahatma-energien, og siden da har jeg også arbejdet meget i Mark-energien.

Appendix 2 giver en kort introduktion til begreberne i mikrokosmos og makrokosmos. Hvordan ser verdensrummet ud derude? Hvad er galakser og quasarer? Og hvordan ser det ud derinde i cellerne? Hvad er quarks, neutroner og protoner?

Litteraturlisten indeholder bøger, links og QR-koder til hjemmesider. Jeg henviser til litteraturlisten med et navn og årstal, som her: (Finnemann 2020).

Kapitel 1

ALT, HVAD VI KALDER VIRKELIGHEDEN, ER LAVET AF TING,
DER IKKE KAN BETRAGTES SOM VIRKELIGE.
Niels Bohr

1 Rejsen til Sjælens Land

Den magiske rejse begyndte på et kursus med Paul McCarthy. Et kursus om krystaller og om at skabe kontakt til universet.

Paul havde kodet en række krystaller med energier fra forskellige stjerner som Sirius, Vega og Arcturus samt stjernebilleder som Plejaderne, Orion og Lyren. Derudover var der en enkelt galakse, vores nabogalakse Andromeda.

Kurset fokuserede på at lære os at sanse de forskellige energier. Det forunderlige var, at vi ikke blot kunne mærke forskel på energierne, men oplevede også en tættere forbindelse til nogle stjerneenergier frem for andre. Selv mærkede jeg især en kraft i energierne fra Arcturus og Andromeda.

På næste kursus gik vi et skridt videre. Med krystallernes hjælp blev vi guidet til Arcturus. Men det var ikke det hele. Paul førte os videre ind i et tempel, "The Temple of Wisdom and Knowledge". Ved indgangen til tempelsalen overlod han os til os selv og opfordrede os til at være åbne for, hvad der måtte ske. Ville vi få billeder? Opleve kontakt? Modtage budskaber? For mig blev det startskuddet til en indre rejse, som vi skal udforske i denne bog.

Midt i tempelsalen så jeg en tronstol, der mindede om en kongetrone. Den var stor og bred, så man halvt sad og halvt lå i den, og hele kroppen havde kontakt til stolen fra top til tå.

Længere kom jeg ikke, og da jeg efterfølgende fortalte om oplevelsen, spurgte Paul, om alle skulle sidde i stolen, og om det var nødvendigt. "Det ved jeg ikke, men jeg ved, at jeg skal sidde i den."

Og her sluttede kurset.

Den første rejse

Nogle dage senere følger jeg det op. Eller faktisk sker det midt om natten. Jeg sætter mig i en behagelig stol, tænder diktafonen og forestiller mig, at jeg sidder i tronstolen i templet på Arcturus. Og så sker der noget.

Jeg starter med at tune ind ved at kontakte cellerne i min krop.
Jeg kontakter mine celler i maven og spørger mine celler, mærker cellerne, hvad de beder om.

> Healing, healing, healing. Selvhealing. Kontakt med universet, det er healingen

Således var det første svar helt præcist. Det var overvældende og tankevækkende. At en indre kontakt til universet er healing af mig. Det var nyt at erkende, at dette er muligt, og at det er healing. Og det var endda kun en første lille del af den første bevidsthedsrejse. Den fortsatte ad dette spor, stadig styret intuitivt indefra.

> Jeg connecter til Orionc, Orion-bevidstheden.
> Det løsner i kroppen.
> Jeg connecter til Sirius.
> Går dybere ind, connecter til centrum af galaksen.
> Mærker det sorte hul i galaksens centrum,
> bevæger os igennem, som gennem en navlestreng
> eller fødselskanal, bevæger vi os til Andromedagalaksen.
> Connecter til Andromeda-energien,
> den arbejder ind i kroppen.

> Jeg bevæger mig videre i bevidstheden, mærker det store univers af galakser. Bevæger mig højere op i vibration, længere ud i universet, mærker quasarerne (de omtales i appendix 2: Mikrokosmos og Makrokosmos).

> Går ind og sætter elementarpartiklerne i vibration, går i resonans med elementarpartiklerne.

Det er det, resonansen gør, den sætter elementarpartiklerne i vibration. De belives af quasarenergien, på grænsen til det ikke-fysiske.

Vi bevæger os det sidste stykke ud i det mystiske tomrum fra quasarer til Big bang, åbner for Mahatma-energien[1]. Energien går i resonans med the quarks i kroppen, hver eneste quark i neutronerne og protonerne mærker energien. Selve kroppen er belivet af den højeste energi.

Således begyndte det hele som en forunderlig bevidsthedsrejse i både mikro- og makrokosmos. Ja, egentlig i makrokosmos: fra stjerneniveau via galakseniveau og quasar-niveau til kosmos og Big Bang. Men samtidig en rejse ind i kroppen, ind i mikrouniverset, med den første kontakt til cellerne og til elektronerne på elementarpartikelniveau.

Det er en forunderlig rejse i bevidstheden, hvor en ny og anderledes form for erfaring har åbenbaret sig. Det er en indre sansning, der betyder, at jeg ofte vil kalde tronstolen for en sansestol og rejserne for sanserejser.

Hvad fortæller denne rejse os? Hvad er der sket denne første nat?

Rejsen viser, hvad cellerne mener med at få kontakt til universet. Den illustrerer, hvordan vi kan forbinde os med alle dele af universet, og at vi kan gøre det i bevidstheden.

---

[1] Mahatma er et multidimensionelt bevidsthedsfelt, som gør os i stand til at forene krop, sjæl og ånd. Se mere i Appendix 1.

Vi kan gøre det, fordi stjernerne har bevidsthed, galakserne har be-
vidsthed - ja, hele universet har bevidsthed. I en meditativ tilstand
kan vi forbinde os med stjerner, galakser og universet.

Cellerne fortæller, at forbindelsen til universet er healing. Det er for-
bindelsen i bevidstheden, der er afgørende for healingen, og det
danner grundlaget for, at sundhed er en af de røde tråde i bogen.

Selvhealing handler om at forbinde os med sjælsbevidsthedens hø-
jere lag. Det er de lag vi kan finde i makrokosmos som stjerner, ga-
lakser, quasarer og hele verdensrummet. Efterfølgende rejser viser,
at vi tilsvarende finder lagene i mikrokosmos som celler, atomer,
elektroner og quarks.

Og der er mere end dette. Der er en magisk forbindelse mellem
makrokosmos og mikrokosmos. Vi ser det i forbindelsen mellem
quasarerne og elementarpartiklerne, som i dette tilfælde er elektro-
nerne. Der står, at quasarerne går i resonans med elektronerne, og
at det beliver elektronerne.

Dette kan ikke forstås fysisk, da quasarerne er sorte huller i fjerne
galakser. Men beskeden er klar, det er healing, og det sker via en
belivelse af elektronerne.

Det magiske bliver lettere at forstå, når vi accepterer, at alt har be-
vidsthed. Dermed bliver det muligt at kontakte stjerner og galakser,
og denne kontakt er healing. Det er essensen af magien. Eller er det
egentlig så magisk?

Det var cellerne, der talte til mig. Og hele rejsen foregår inde i mig, så vi kan også kalde det en indre dialog. Uanset om jeg taler med mine celler eller er i kontakt med dele af det store univers, kommunikerer jeg med en del af mig selv. Men hvilken del?

Den indre dialog foregår med en bevidsthed, som min dagsbevidsthed ikke kender, men som er en del af mig. Jeg kan kun forstå det ved at sige, at jeg er ved at få kontakt med min sjæl. Og denne sjæl er en bevidsthed med forskellige niveauer, som viser sig i den fysiske verden.

Der tegner sig et mønster. Sjælen har forskellige udtryk i makro- og mikrokosmos, og den indeholder dermed forskellige lag. Det vil føre til en model af det, vi kan kalde sjælsbevidstheden.

Det viser sig, at universet i mikrokosmos og makrokosmos er et billede eller en model af sjælsbevidstheden, og at der eksisterer en endnu større bevidsthed. Denne større bevidsthed kaldes ånden, åndsbevidstheden eller åndsuniverset, og er i rejsen repræsenteret af Mahatma-energien.

Bevidsthedsrejsen viser også de første tegn på, at bevidstheden er multidimensionel. Der optræder forbløffende resonanser, og rejsen til Andromeda går gennem en fødselskanal eller navlestreng, der starter i det sorte hul i centrum af Mælkevejen.

Vi har talt om resonansen mellem elektronerne og quasarerne, som er kæmpestore sorte huller i fjerne galakser. Men det er ikke den eneste resonans.

I senere rejser opstår der resonans mellem galakserne og atomerne, mellem stjernerne og cellerne, og mellem universet og quarks. Der tegner sig et mønster i sammenhængen mellem mikro- og makrokosmos.

Resonanserne betyder, at der i bevidsthedsuniverset er energetisk forbindelse mellem makrokosmos og mikrokosmos. Den indre forbindelse til makrokosmos beliver mikrokosmos, idet forbindelsen til stjernerne beliver cellerne. Det er den omtalte mekanisme, der fører til healing.

Endelig fortæller den første rejse om en anden form for resonans. Der er resonans mellem Mahatma og The Quarks. Denne resonans er banebrydende, fordi Mahatma rækker ud over Big Bang. Mahatma er en bevidsthed, der er knyttet til åndsuniverset. Det vender vi tilbage til i næste kapitel.

Kapitel 2

DER ER EN INTELLIGENS I KROPPEN, SOM GIVER OS LIV,
ORGANISERER DET HELE. ET STØRRE SIND.
Joe Dispenza 2025

2   Nielsens Bevidsthedsmodel

2.1   Isbryderen

Det foregående kan illustreres med et billede af sjælsbevidstheden. Billedet udgør den første simple bevidsthedsmodel, der afspejler mønsteret i den aktuelle rejse og i mange efterfølgende rejser.

Isbryderen, den første model af sjælsbevidstheden:

Mahatma, ånden

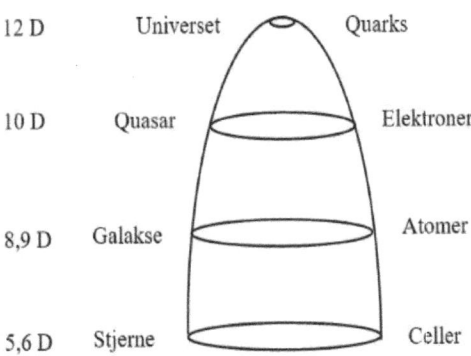

12 D	Universet		Quarks
10 D	Quasar		Elektroner
8,9 D	Galakse		Atomer
5,6 D	Stjerne		Celler

Figur 1 Isbryderen
Første del af sjælsuniverset

Til venstre ser vi bevidsthedsniveauerne i makrokosmos, fra stjernerne videre ud i universet, og til højre ser vi mikrokosmos fra cellerne og dybere ind i kroppen. De vandrette lag repræsenterer resonansen mellem mikro- og makrokosmos. Yderst til venstre har jeg anført de gængse betegnelser for bevidsthedslagene.

Rejsen slutter i mikrokosmos ved the quarks. Jeg anvender det engelske ord quark frem for det danske ord kvark. Det handler om energi. Det flade a i det danske ord kvark har en helt anden energi end det engelske quark, og brugen af bogstavet q har også energimæssig betydning. Derfor har jeg også anvendt stavemåden quasar frem for det danske ord kvasar.

Quarks er byggesten i protoner og neutroner, som udgør kernen i alle atomer i universet. Tre quarks danner en proton og tre quarks danner en neutron. Quarks kan ikke eksistere som frie partikler, og jeg vender gang på gang tilbage til deres særlige betydning.

Den runde cirkel øverst i modellen repræsenterer resonansen mellem quarks og Mahatma. Den illustrerer, at der i bevidstheden er en åbning mod noget ud over det fysiske univers. Denne åbning er der grund til at tale mere om, for den viser en mangel i den naturvidenskabelige forståelse af vores univers. Her taler man ikke om, at der kan være noget på den anden side af Big Bang. I stedet for taler mange om, at universet er lukket, lukket for fri energi.

Mahatma er en åndelig energi og bevidsthed. I teosofien kaldes den syntesens avatar, men Mahatma er ikke et væsen. Mahatma er et multidimensionelt bevidsthedsfelt, som i 1987 blev dybere forbundet til jorden og beskrevet af Brian Grattan i 1993 (Grattan, 1993). Dette felt er en af vores mulige forbindelser til kilden til alt liv og rækker samtidig ind i den fysiske verden på samme måde, som vi i bog 2 vil se en række universelle felter gøre det.

Resonansen mellem quarks og Mahatma giver et svar på det evige spørgsmål om, hvad der findes bag ved eller på den anden side af Big Bang. Der er bevidsthed bag det hele. Der findes et bevidsthedsfelt, der er skabende og helbredende, og det findes i Big Bang og det findes i the quarks.

I trilogiens næste bind udfolder jeg dette i stor detalje. Her fokuserer vi på sjælsuniverset, som er vores forbindelse til den skabende bevidsthed, som vi kan kalde Enhedsbevidstheden eller kortere sagt: Enheden.

Den første bevidsthedsmodel fik navnet Isbryderen med henvisning til, at den skal bryde isen omkring menneskeheden. Vi har været lukket inde i en begrænset tankegang om, hvad livet er, hvem vi er, og hvorfor vi er her. Vi skal erobre den skaberkraft og healingsevne, vi finder i vores genforening med sjælsbevidsthedens højere lag, som er en del af vores højere bevidsthed.

Pointen er, at vi har en højere bevidsthed. Ja, at denne højere bevidsthed er en del af os. Det er erfaringen fra flere hundrede rejser af samme art som denne første. Og det forklarer også, hvorfor det er helbredende, når vi forbinder os med universet.

2.2   Bevidsthedsmodellen Noahs Ark

De næste rejser udvider bevidsthedsmodellen.

Jeg føres ad en anden vej, fra celleniveau til kirtler, organer, blod og nervesystem, indtil det hele samles i kroppen. Samtidig bevæger jeg mig i makrokosmos fra stjernerne til solen, planeterne, jorden og kroppen.

Dermed føjes der flere detaljer til den første model. Elementarpartiklerne findes i 10-12 d, med elektronerne i 10 d, de øvrige elementarpartikler i 11 d, undtagen quarks, som hører hjemme i 12 d.

Noahs Ark

Det fører til en udvidet model af sjælsuniverset.

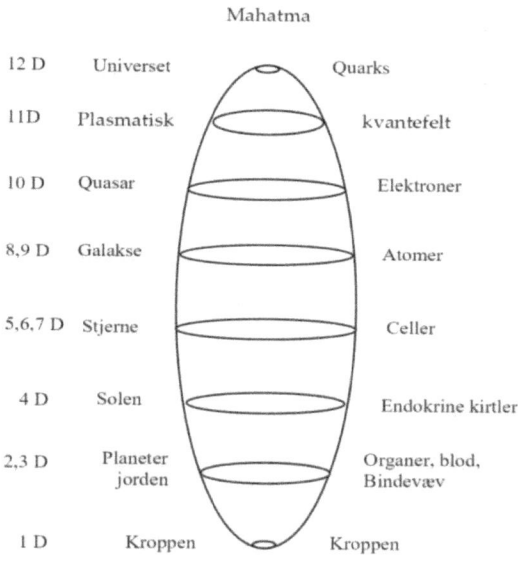

*Figur 2, Noahs Ark,
det 12-dimensionale sjælsunivers*

Vi ser igen niveauerne i makrokosmos til venstre, og i mikrokosmos til højre. De vandrette lag repræsenterer, som tidligere, resonansen mellem mikro- og makrokosmos.

Modellen viser 12 niveauer i bevidstheden. Det er en model af vores sjælsbevidsthed, en bevidsthed, der findes inde i os alle og ude i det store verdensrum. Vi finder den i vores kirtler og organer, i cellerne og atomerne. Ja, den findes endda på det magiske kvanteniveau.

Perspektiver

Menneskehedens nye muligheder ligger i at åbne for den skabelses-kraft og healingsevne, der er indlejret i sjælsbevidstheden. Der fin-des uendelige muligheder, og det er en nøgle til klodens og menne-skehedens fremtid.

Bevidsthedsmodellen fik under en af de første rejser det bibelske navn *Noahs Ark* for at understrege betydningen af kontakt med sjælsbevidstheden. Samtidig kom en besked om, at åbningen til vo-res højere bevidsthed er næste fase i evolutionen.

Vi skal se, hvordan vi kan bruge den højere bevidsthed inden for livsvigtige områder som sundhed og helbredelse, og til helt nye må-der at arbejde skabende i organisationer, hvad enten vi taler om små foreninger og fællesskaber, større virksomheder, eller vi taler om lande, EU og FN.

Samtidig med at vi udfolder dette gennem bogen, foretager vi en eksistentiel rejse ind i os selv. Sanserejserne var min integration af sjælsuniverset over en periode på 5-7 år. Det kulminerede med ud-givelsen af 33 metamorfoser, fordelt på tre digtsamlinger, hvor den første hedder "De Syv Vise". Den blev skrevet om natten i direkte forlængelse af sanserejserne, i løbet af blot en uge (Finnemann 2020).

Øvelserne i bogen kan bruges som en rejse ind i læserens sjæl med modellen som landkort. Den er skabt ud fra mine rejser, med mine personlige oplevelser undervejs. Men strukturen gælder for alle.

En del af rejsen handler om vores sundhed. Den højere bevidsthed er nøglen til sundhed og dermed til en helt ny sundhedsforståelse.

Dette gør os eksempelvis i stand til at arbejde med de funktionelle lidelser, og jeg vil slutte bogen med at tale om kræft og kræftens gåde, sådan som den vil åbenbare sig på den rejse, vi er på.

Skabelse

Når jeg taler om at skabe på helt nye måder, drejer det om at skabe sammen med den højere bevidsthed. Det er et stærkt redskab, ikke mindst når vi skal samarbejde i grupper. Samskabelse betyder i denne bog mere end at skabe noget sammen. Det betyder at skabe sammen med kræfter, der rækker ud over vores mentale kapacitet. Emnet udfoldes i kapitel 8, *Samskabelse og Spirituel Ledelse*.

Vi følger det eksistentielle spor som en bevægelse gennem bevidsthedens 12 niveauer. Vi skal arbejde med indre dialog i form af cellekommunikation, men også dybere. Vi kan komme i dialog med kroppens atomer og dybere endnu, hvor vi skal møde kvantelagene. Det er en eksistentiel rejse, som gradvist gør det muligt at integrere stadig dybere lag af vores sjæl.

Det interessante og vigtige er, at det giver en dybere og dybere indre ro, glæde og overskud til det helt almindelige liv på jorden.

2.3 Akasha – Arkiverne

Sanserejserne rummer meget mere end det, der er vist på figur 2 med Noahs Ark. Rejserne er ikke lineære. Der er spring og sammenhænge, der er umulige i den fysiske verden. De vandrette resonanser er nævnt, og tid og rum er vævet sammen i kroppens mikrokosmos.

Rejserne forbinder mig til begivenheder i makrokosmos, og der er begivenheder fra mine inkarnationer gennem millioner af år. Vi skal se, hvordan Atlantis forbindes til 5 og 6 d og Lemuria til 8 d, og at healingen af gamle begivenheder på Lemuria sker ved at gå endnu dybere i bevidstheden. Og det sker vel at mærke på den måde, at jeg bevæger mig længere ud i verdensrummet.

Rejsen er startet i 5 d på Arcturus, svarende til celleniveauet i kroppen.

> Her er du nu i 8 d, her mærker atomerne i kroppen galaksens energi i en resonans. Allerede her er vi dybere end celleniveauet, vi er i et niveau, der kan udføre mirakler, også fysisk. Det er Andromeda-bevidstheden, der udfører det egentlige mirakel. Det er den, der er i resonans med atomerne i kroppen. Jeg mærker kroppen gi´r sig, men den holder også fast.

> Der gemmer sig mere i kroppen, og denne bevægelse fra 5 og 6 d til 8 d førte dig også fra det atlantiske niveau til det lemuriske niveau. Området hvor krist-antikrist-polariteten blev manifesteret så voldsomt i Hitler og i Kristus, og dermed med nazi- og kristus-impulserne som polære.

> Et energiniveau skal altid heales fra et dybere niveau. Jeg bevæger mig derfor mod 9 d, jeg bevæger mig fra Andromeda og ud i verdensrummet. Der er struktur i rummet. Der er galakse-hobe, den struktur repræsenterer et nyt niveau, 9 d niveauet,

som er det kollektive galaktiske niveau, og som er det niveau, der er i resonans med brintatomet.

Grundlæggende er det rejser i min egen sjæls bevidsthed, som indeholder min inkarnationsrække gennem mange millioner år.

Rejsen viser først og fremmest kollektive mønstre i bevidstheden, som polariteten mellem lys og mørke, repræsenteret af Kristus og Hitler, der var inkarneret på Lemuria. Og jeg får det vist, fordi det har haft betydning for min indre healing. Jeg har været involveret, og det bliver healet i denne rejse ved at gå et lag dybere.

Rejsen er dermed et eksempel på noget vigtigt, som Einstein ofte bliver citeret for. Et problem kan ikke løses på det bevidstheds-niveau, der har skabt det. Problemer i 8 d løses ved at gå til 9 d og gerne endnu højere lag. I eksemplet går rejsen til Andromeda.

Healingsrejser af denne slags har ført mig gennem mange oplevelser på Lemuria, Atlantis, Ægypten og endda uden for jorden. Alt dette ligger i min tidslinje, hvor de jordiske inkarnationer ligger i de første 9-10 lag. Det kaldes Akasha-arkiverne, og de indeholder alt, der nogensinde er sket. Alt er tilgængeligt her og nu, når vi åbner os for sjælsuniversets mangfoldighed.

Jorden har sin egen tidslinje: evolutionen. Og vi har alle hver vores tidslinje med vores inkarnationer på Jorden og andre steder, såsom inkarnationer på planeter omkring stjerner i Mælkevejen eller i vores nabogalakse, Andromeda. Alle vores inkarnationer ligger gemt og tilgængelige i Akasha-arkiverne som en del af vores multidimensionelle eksistens.

Dette fører til tredje og sidste skridt i udviklingen af en model over vores sjælsbevidsthed. Vores sjælsunivers er multidimensionelt. Det rummer den personlige og kollektive inkarnationshistorie. Og det rummer det fysiske univers med det store makrokosmos omkring os og det mikrokosmos, vi finder inde i os selv. Det kan bygges ind i bevidsthedsmodellen.

2.4 Nielsens Bevidsthedsmodel

En 12-dimensionel kugle, afbildet som en jordklode

Alle tidslinjer kan bygges ind i modellen som lodrette strenge eller længdegrader, der forbinder sig med de vandrette bevidsthedsniveauer i mikro- og makrokosmos. Eksempelvis møder jeg mine inkarnationer på Atlantis, hvor min tidslinje eller længdegrad møder 5 og 6 d niveauerne.

Det er vist på figur 3, hvor epokerne i jordens evolution fra Lemuria til nu er anført som søjlen i midten, ud for de vandrette lag på de to tegninger. Til venstre ses Noahs Ark fra før, suppleret med to tidslinjer.

Modellen til højre er den samme model, men den er tegnet som en kugle for at give plads til flere tidslinjer end de viste. Der skal være plads til individuelle og kollektive tidslinjer.

Noahs ark, forsynet med tidslinjer (tv) og bredt ud til en kugle (th):

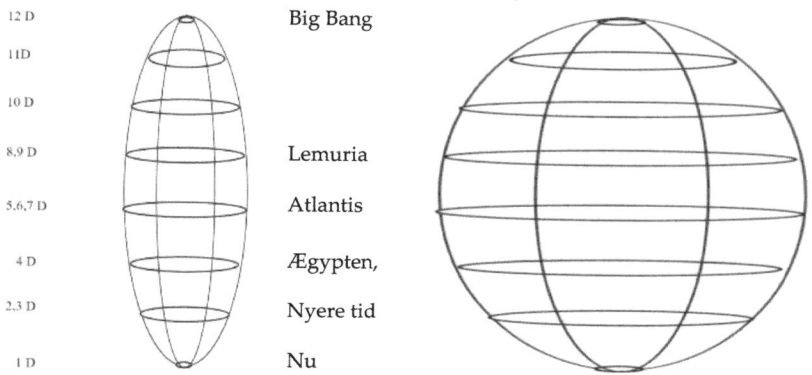

Figur 3   Fra Noahs ark til Nielsens Bevidsthedsmodel.
Til venstre Noahs Ark, i midten de epoker, der hører til lagene.
Til højre bliver Noahs Ark til en kugle med plads til flere tidslinjer,
Nielsens Bevidsthedsmodel, med mikrokosmos og makrokosmos.

Den færdige model hedder Nielsens Bevidsthedsmodel. Den omfatter Isbryderen, Noahs Ark og alle tidslinjer, altså ikke kun dem, der er tegnet ind her.

Modellen ser sjælsuniverset som en 12-dimensionel bevidsthed. Det er dette univers, vi får dybere og dybere kontakt til, efterhånden som vi opnår dybere sjælskontakt i os selv.

Ud over sjælsuniverset findes åndsuniverset, som rummer kilden til alt, og som er til stede overalt, også inde i hver eneste celle i vores krop. Det er livskilden, ånden, der beliver alt. I trilogiens næste bind kommer vi dybere ind på spørgsmålet om, hvad åndsuniverset er. Her og nu handler det om sjælen.

Vi kan ikke forestille os, hvordan et 12-dimensionelt univers ser ud. Vi kan se og forestille os tre dimensioner. Derfor er disse modeller nyttige som forenklede billeder af den 12 – dimensionelle virkelighed. Vi får et sprog, vi kan bruge.

I en geometrisk fremstilling af det 12-dimensionelle sjælsunivers kan vi forestille os sjælsuniverset som en jordklode med de 12 vandrette bevidsthedslag som breddegrader, og længdegraderne repræsenterer mikrokosmos, makrokosmos samt alle tidslinjer, din tidslinje, min tidslinje, alle tidslinjer.

Vi har hver vores historie og hver vores tidslinje, der rummer alle vores inkarnationer på kloden og andre steder, og tidslinjerne er både de personlige og den kollektive udvikling, evolutionen. Nordpolen svarer i dette billede til 12 d, hvor alle tråde mødes.

Bevidsthedsmodellen kan ses som en klode med længdegrader og breddegrader:

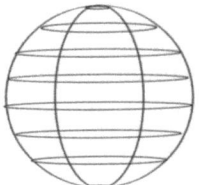 

Figur 4 Nielsens Bevidsthedsmodel,
En model af det 12 - dimensionelle sjælsunivers.
Breddegraderne er de vandrette lag i bevidsthedsmodellen
Længdegraderne er makro- og mikrokosmos og alle tidslinjer.

Der er en overraskende realitet i denne model. Billedet af en jord-klode er mere end blot en model. I bevidsthedsrejserne har jeg ofte rejst fra Ægypten til Nordpolen ad forskellige veje, og det har været som at rejse fra 4 d til 12 d. Undervejs har der været resonans i krop-pen som i denne rejse, hvor Alperne repræsenterer kønsbenet.

Energien føres nordpå (fra Rom), vi skal passere Alperne.
De ligger som kønsbenet i kroppen, og inde i midten ligger Schweitz, som et fredselskende, neutralt land, men også som gemmested for penge. Der er noget, der renses her. Og det er, som om det er prostata i kroppen. Her er jeg længe.

Kroppens reaktioner har gang på gang vist mig, at rejserne ikke er mentale konstruktioner. Det er healingsrejser. Og modellen med jordkloden er en projektion af det 12 – dimensionelle univers ind i 3 dimensioner.

Når jeg i denne rejse bevæger mig rundt på jordkloden, har det samme funktion, som når jeg har bevæget mig rundt i universet. Jeg rejser rundt i sjælsbevidstheden og trækker nye spor, nye be-vidsthedstråde, der skaber nye helende forbindelser i min sjæl.

Det er bevidsthedstråde, som gennemvæver mit underliv og beliver det. Der sker en healing af området omkring kønsben og prostata, og jeg mærker det.

Jeg omtaler i afsnit 2.8 en anden model, hvor vi forestiller os sjæls-bevidstheden som et 12-etagers hus med tagterrasse. Og huset har både trappe og elevator. Jeg har i mine rejser taget trappen og un-dersøgt hver eneste etage. Mange andre tager elevatoren.

2.5 At tale med kroppen

Hvad betyder det, at makrokosmos og mikrokosmos har bevidsthed, eksempelvis at vore celler har bevidsthed.

Svaret ligger allerede i den første sanserejse. Det var cellerne, der svarede, da jeg sad i sansestolen på Arcturus. "Healing, healing, healing" svarede de.

Det betyder, at vi kan komme i dialog med cellerne i kroppen. Det har også vist sig, at det er muligt at kommunikere med atomer, stjerner og galakser, ja endda med kvanteniveauerne i form af elektroner og quarks. Vi skal blot finde en måde at gøre det, finde de rette sanser og det rette sprog. Det uddyber jeg i næste kapitel om sundhed, hvor der er en introduktion til indre dialog i form af cellekommunikation.

Alle har evnen til at tale med cellerne i kroppen. Denne evne skal blot udvikles, og første skridt er, at vi skal tro på det. Vi må være åbne, nysgerrige og forholde os eksperimenterende, undersøgende og fordomsfrie, som børn kan være det. Vi kan tale med vores celler om vores helbred og om meget mere. Vi kan tale med stjernebevidstheder om kosmiske forhold, vores relation til kosmos, vores identitet og om vores enhed med universet.

Disse samtaler er ikke kun mentale. De trækker energispor i sjælsbevidstheden på samme måde som sanserejsen lige før, med Alperne og Schweitz som kønsben og prostata. Når vi taler med vores celler eller med en stjernebevidsthed, er det healing. Det kan belive kropsområder, der er blokerede af den ene eller anden grund. Det skaber mere helhed i sjælsbevidstheden, og vi får en dybere kontakt med os selv.

Inden for sundhed skal vi snart se, hvordan det kan åbne til helbredelsen af forskellige lidelser, herunder de såkaldte funktionelle lidelser. Og vi skal senere se, hvordan kræftens gåde tilsyneladende gemmer sig i en overgivelse til kræfter, der ligger ud over sjælsniveauet.

Vi skal også opleve, hvordan indre dialog er et kraftfuldt værktøj inden for skabelsesprocesser, hvad enten vi taler om at skabe nye virksomheder, nye samfundsformer eller at skabe vores eget liv. Det handler i alle tilfælde om at samarbejde med den højere bevidsthed.

2.6   Det eksistentielle

Endelig er det vigtigste, at jeg i disse rejser er i gang med at integrere nye energier i mig selv. Jeg er gennem årene blevet forbundet dybere og dybere ind til sjæls- og åndsbevidstheden som en del af mig, og det fører videre til en ny og dybere forståelse af, hvem jeg er. Og det er måske bogens hovedsigte, at dele denne livsforandrende erkendelse.

Alle mennesker har en sjælsbevidsthed, og gennem den er vi forbundet til åndsuniverset, det højeste, skabelsesniveauet. Fødselsgaven til os alle er, at vi kan få adgang til det hele, sjælsuniverset og åndsuniverset. Det findes inde i hver eneste celle i vores krop.

Undervejs har jeg opdaget det overraskende, at vi i de højere lag hænger sammen som en stæreflok i fælles bevægelse gennem luften, samtidig med, at vi bevarer en form for individualitet. Denne samhørighed med hinanden og med naturen er temaet i kapitel 5 og 6, hvor vi skal tale om Enhed og om De Magiske Lag i Bevidstheden.

Kroppens Sandhed

Men er det nu sandt, det her?
Har det mening at fortsætte?

Det sidste, der står i den første rejse, er dette:
Hele kroppen vibrerer på alle niveauer. Jeg vender tilbage til kroppen, henvender mig til cellerne.

Der er ingen ord. Der er en sitren fra top til tå. En ren væren. En væren i kroppen, som løfter sin vibration. Jeg mærker den dybe connection med hele universet. Jeg er et med universet.
Jeg afrunder med dybe vejrtrækninger. Tak. Det er healing.

Det er mit svar. Min sandhed.
Kroppens reaktioner er mit sandhedsvidne.
Som det viser sig igen og igen, kroppen ved besked.

Og sådan er det. Kroppen ved besked. Vi kan tale om kroppens sandhed som erstatning for hjernens logiske sandhed. Denne kroppens sandhed rummer et individuelt aspekt, det er min krop, der reagerer. Og ordene kommer ud af min mund. Men de kommer på en måde, der ikke kan være udtænkt i min hjerne. Men er det sandt for andre?

Jeg tolker det således, at healingen er noget personligt for den, der foretager rejserne, men at strukturen, bevægelsen gennem mikro- og makrokosmos, afspejler noget alment gyldigt. Og at andre kan bruge det til selvhealing, som jeg taler om i næste kapitel.

Strukturen med de 12 lag i bevidstheden går igen i mere end 100 sanserejser. Så vi kan vel sige, at der er tale om en form for sandhed, men ikke en absolut sandhed, for den er farvet af min sjæls bevidsthed.

Jeg kan supplere med et uddrag af den tredje sanserejse, hvor kroppens sandhed igen kommer stærkt igennem, nærmest som en terapeutisk proces, en healing af et fødselschok.

The quarks niveauet sitrer, mærker forbindelsen, kroppen spjætter, er det mon chokket, der reagerer igen i dag? Mærker forbindelsen til et punkt, fysikerne kalder det en singularitet, et Big Bang, men det er et forbindelsespunkt, et forbindelsespunkt til andre universer. Her ligger det største fødselschok.

Det er healing på dybe niveauer, og nøglen til healing af fødselschokket ligger i 12 d, i at få kontakt med singulariteten, som er vist som den lille runde cirkel øverst på bevidsthedsmodellerne. Det betyder mere konkret, at healingen ligger i at få kontakt til åndsuniverset.

2.7 Dimensioner og Lag i Bevidstheden

Sanserejserne er indre rejser i bevidstheden, der starter i sansestolen på Arcturus, altså i en stjernebevidsthed. Og jeg har kaldt tilstanden 5 d. Femtallet står her for det femte lag i bevidstheden, og d står for density (tæthed), idet bevidstheden langsomt udtyndes og bliver mere og mere finstoflig og højfrekvent op gennem lagene. Det almindelige liv på jorden foregår i 3. tæthedslag, 3 d.

Mange kalder 5 d for femte dimension. Det ordvalg kan føre til en forenklet opfattelse af sjælsbevidstheden. Den består ikke blot af 12 lag, som man så kalder dimensioner. Nej, som nævnt er den 12-dimensionel, og hvad det betyder, vil jeg illustrere ved at benytte en forenklet model af sjælsbevidstheden.

2.8 Bevidstheden som et 12-etagers hus

Billedligt talt kan vi opfatte 5 d som femte etage i et 12-etagers hus med tagterrasse som den 13. etage. Huset repræsenterer sjælsuniverset, og tagterrassen med udsigten til himlen repræsenterer friheden, åbningen til åndsuniverset.

Det er ikke et almindeligt hus i 12 etager. Som tidligere omtalt har vi både mikrokosmos, makrokosmos og menneskehedens evolution repræsenteret på hver etage. I 5 d og 6 d har jeg, som før nævnt, mødt begivenheder fra Atlantistiden.

Det 12-dimensionelle betyder, at der i hvert lag er 12 aspekter. I modellen betyder det, at hver af de 12 etager har 12 døre ind til forskellige rum. Hver dør fører ind til mikrokosmos eller makrokosmos eller til begivenheder, der hører hjemme i personlige eller kollektive tidslinjer.

På femte etage er der eksempelvis en dør ind til vore cellers bevidsthed, og en anden dør til de enkelte stjerners bevidsthed. Cellebevidsthed og stjernebevidsthed er med andre ord ikke det samme på sjælsniveauet, men de ligger i samme vibration, i samme tæthed af bevidstheden. De er dermed i en form for resonans med hinanden, og hvis vi kan forbinde os med den ene bevidsthed, kan vi også forbinde os med den anden.

Andre døre på femte etage handler om tidslinjer. Hele jordens fortid ligger gemt i det 12-dimensionelle rum. Som før nævnt ligger begivenheder fra Ægypten i 4 d, Atlantistiden i 5 og 6 d, mens jeg har mødt begivenheder fra Lemuria i 8 d.

Det 12 dimensionelle betyder forenklet sagt, at bevidstheden er manifesteret i 12 lag, og at der i hvert af disse 12 lag er 12 oplevelsessfærer, 12 døre, 12 energiformer eller bevidsthedsrum. Det er den enkeltes opgave at kortlægge detaljerne eller blot at tage forståelsen til sig om et 12-dimensionelt univers, for det er sådan, det er blevet vist for mig.

Når det er sagt, er det vigtigt at huske tagterrassen med udsigt til himlen. Tagterrassen repræsenterer 13 d, en 13. etage, hvorfra man kan se himlen. Den tilføjes modellen for at understrege, at vores model er foreløbig. Bevidsthedsmodellen er en model af et sjælsunivers, som eksisterer i kraft af en skabende bevidsthed, som er en del af det, jeg i denne bog kalder åndsuniverset.

Når vi ser på det 12-dimensionelle sjælsunivers, er det en bevidsthed, som findes inde i hvert eneste menneske, og samtidig er det et åbent univers. Det er åbent for indstrømning af energi og ny bevidsthed fra Kilden, der er indlejret i åndsuniverset. Alle har mulighed for at skabe forbindelse til denne kilde ved at skabe forbindelse mellem sjæls- og åndsuniverset. Dette omtaler jeg senere som overgivelsens magi.

Når vi ser på det 12-dimensionelle sjælsunivers, er det en bevidsthed, som findes inde i hvert eneste menneske, og samtidig er det et åbent univers. Det er åbent for indstrømning af energi og ny bevidsthed fra Kilden, der er en del af åndsuniverset. Alle har mulighed for at skabe forbindelse mellem sjæls- og åndsuniverset. Dette omtaler jeg senere som overgivelsens magi.

2.9   Sjælen, et resumé

Vores sjæl er bevidsthed, den er vores evige eksistens.
Den eksisterer i et sjælsunivers i 12 dimensioner.

Sjælen eksisterer på tværs af tid og rum og udvikler sig i takt med, at vi gør erfaringer i det fysiske liv.

Sjælsuniverset er et bevidsthedsrum, vi kan vokse ind i som sjæl. Vi kan gennem vores inkarnationer forene os med stadig større bevidstheder, sådan som det er vist med Nielsens bevidsthedsmodel. Sjælsuniverset rummer vores mulighed for at blive fuldkomne som menneske.

Sjælen gemmer al viden om vores liv gennem alle inkarnationer.

Sjæl og sjælsbevidsthed er det samme.
Sjælen formidler ånden ind i vores eksistens i denne inkarnation og i vores eksistens som evig identitet.

Det er sjælsuniverset, der er afbildet i makrokosmos og i mikrokosmos i Nielsens bevidsthedsmodel.

Vi har vores sjæl i os,
sjælen er et bevidsthedsfelt.
Sjælen er en del af den, vi er.

Vi får kontakt med dybere og dybere lag i vores sjæl
Ved at kontakte celler, atomer, elektroner og quarks.

Sjælen lever af ånden.
Uden ånd, ingen sjæl.
Uden ånd intet liv.

Kapitel 3

3   Sundhed

Den højere bevidsthed er en nøgle til sundhed og helbredelse. Den er kilden til liv, og når vi forbinder os med den, bliver den en del af kroppens selvhelbredende kræfter.

Det er en udvidet forståelse af, hvad de selvhelbredende kræfter er og kan. Der er helt konkret tale om, at den højere bevidsthed kan sætte helbredende fysiologiske processer i gang fra kroppens dybeste lag.

Bevidsthedsmodellen udtrykker, at denne bevidsthed er meget mere end vores tanker, og modellen giver os et sprog til at tale om de forskellige lag i bevidstheden.

Den højere bevidsthed er en del af vores immunforsvar

Vi kan møde sjælsbevidsthedens forskellige lag ved at forbinde os med kirtler, celler, atomer og elektroner. Efterhånden som vi på denne måde forbinder os dybere og dybere ind i kroppen, gennemgår vi en proces mod stadig højere vibrationer og en forbindelse til stadig større dele af vores sjælsbevidsthed. Den proces kaldes ascension, en opstigen i bevidsthed.

Den proces følger vi i bogen, og vi skal se, hvordan vi efterhånden kan arbejde dybere og dybere med sundhed og helbredelse. Vi skal se, hvordan vi kan arbejde med de såkaldte funktionelle lidelser og med kræft.

Ud over sjælsbevidstheden har vi den åndelige kilde til livet. Vi kan kalde den åndsuniverset, ånden eller livskraften. Den åndelige kilde kan vi trække på som del af de selvhelbredende kræfter. Den er indlejret i hver eneste celle i vores krop, og den er til rådighed for alle. Den åndelige kontakt er en fødselsret, som ikke har noget med religion at gøre.

At åbne for åndsenergien og lade den arbejde ind i de 12 lag er den ultimative nøgle til selvhelbredelse, og trilogien vil udfolde, hvordan vi kan arbejde med at integrere den højere bevidsthed og gøre den til en del af de selvhelbredende kræfter.

De veje, der vises, samler jeg senere under betegnelsen Bevidstheds-hospitalet 2040, hvor årstallet antyder, at den fulde realisering tager tid. Det er allerede undervejs, og det handler om processer, der kan åbne sig for alle. Nogle vil gå foran og skabe både indhold og fysiske rammer for lokale bevidsthedshospitaler. Det uddyber jeg i næste bind.

Her tager vi det første skridt, som er at komme i kontakt med den højere bevidsthed på en sådan måde, at den bliver helbredende og kan bruges til at fremme vores almene sundhed. Jeg kalder dette skridt for indre dialog.

3.1   Indre dialog

Min vej har været at komme i bevidst kontakt med min krop, mine organer, celler, atomer og endnu dybere lag. Det har været livsforandrende og har åbnet til en indre kilde af healing, visdom og skabelseskraft.

Alle kan finde en sådan indre kontakt. Vi skal om et øjeblik se, hvordan vi kan indøve bevidst kontakt med cellerne og med atomerne i kroppen. Det er en kilde til viden, forebyggelse og helbredelse. Det aktiverer energiprocesser, der går ind i kroppens fysiologiske processer på en helbredende måde, for kroppen ved besked. Vi arbejder sammen med det, der i fagsprog hedder kroppens homøostase, som er kroppens iboende evne til at opretholde ligevægt. Det nye er, at vi kan flette den højere bevidsthed sammen med de processer, som kroppen selv styrer. Denne evne er revolutionerende for selvhelbredelse og et fundament i bevidsthedshospitalet.

Udgangspunktet er, at det i sidste ende er åndskræfterne, der helbreder, men at sundhed, livskraft og helbredelse fremmes via en bevidst kontakt med de 12 lag i sjælsuniverset. Jeg vil derfor nøje beskrive, hvordan denne kontakt kan etableres med vores celler.
Når vi først har etableret den kontakt, er det som at have fundet en ny vej ind i os selv.

Cellekommunikation

Vi kan tale med vores celler. Eller sagt mere præcist: vi kan forbinde os med bevidstheden i vores celler. Denne forbindelse er en indre dialog, der både har et energiaspekt og et bevidsthedsaspekt. Den er både en belivelse af cellerne, og den kan udvikles til en samtale.

Det er en dialog med en bevidsthed, som ved alt om dig og din sundhed. Her kan du spørge om alt, og du kan få svar på alt. En del af svaret, som jeg har fået, er at fuldstændig helbredelse og sundhed kræver, at vi går dybere ind og forbinder os med atomerne i 8 d. Og at vi skal videre, via elektronerne i 10 d, og i sidste ende forbinde os med quarks, som i 12 d er en bro mellem det manifesterede og det ikke manifesterede, mellem sjælsuniverset og åndsuniverset, mellem stof og ånd. Derfra kan vi gå ind i overgivelsens magi, som det sidste og ultimative skridt.

Det er den røde tråd i dette bind, og første skridt er at komme i dialog med cellerne.

Hvordan foregår det så i praksis?
Hvordan kommer vi i dialog med vores celler?

Det første er at sige ja, at tro på, at det er muligt, eller i det mindste at være åben for muligheden. Det handler om at slippe gamle tankeformer, slippe al angst og alle fordomme. Vi må åbne os med en nysgerrighed for at undersøge, om der virkelig findes en indre verden - en højere bevidsthed, som er mere end vores tanker. Og at denne bevidsthed kan have særlig betydning for vores sundhed og liv i det hele taget, og den kan vi komme i kontakt med.

Tro på, at du kan komme i dialog med dine celler.
Tro på det.
Du kan.

Sig det til dig selv,
igen og igen.
Du kan.
Tvivler du stadig?
Så kan du sige til dig selv:
Hvorfor kan jeg tale med mine celler?
Det lille ord "hvorfor" udnytter, at kroppen ved besked. Det aktiverer din underbevidsthed på en måde, der kan skabe en åbning.
Det handler om at være åben for, at det ikke kun er mentalt. Kontakten er både energimæssig og bevidsthedsmæssig. Og den er mere end det. Kontakten er noget eksistentielt. Det er en del af vores sjæl, vi åbner til.

Jeg opfordrer til at gå ind i den følgende øvelse med denne åbenhed og nysgerrighed. Du kan lave om på øvelsen, som du synes. Du kan variere sætningerne, så de passer til dit temperament. Du kan også indtale din egen udgave på diktafon eller finde en udgave på You-Tube ved at søge på "Celleøvelse, indre dialog" (Finnemann 2022).

Øvelse 1 Tal med dine celler

1. Sæt dig godt til rette, slap af og tag nogle dybe indåndinger. Luk dine øjne og kom i en meditativ tilstand.

2. Sig ja til dig selv.
   Sig ja, jeg kan tale med mine celler.
   Føler du modstand?

   Hvis nej: gå videre til pkt. 3
   Hvis ja kan du sige til dig selv:
      "Hvorfor kan jeg tale med mine celler?"
   Bliv siddende lidt med dette spørgsmål, lad det aktivere din underbevidsthed. Du kan gå videre til pkt. 3, når du er klar. Måske varer det dage eller uger at blive parat.

3. Ret nu din opmærksomhed mod dine celler på en måde, der passer til dig.

   Du kan gøre det visuelt, eller som jeg gør det, med ord. Du kan sige til dig selv:
      "Jeg forbinder mig med mine celler."
   Blot du har intentionen, sker der noget energetisk. Du aktiverer cellerne. Det er healing. Du kan sidde et øjeblik i det. Du kan gentage ordene, eller bruge dine egne ord.

4. Henvend dig nu til cellerne med nogle korte sætninger.
   Hold en kort pause mellem hver sætning og mærk hver gang, om der er nogen form for reaktion, fysisk, følelsesmæssigt eller mentalt. Sætningerne kan være disse:
   "Celler, er I der"
   "jeg vil gerne i kontakt"
   "Vil I vise mig noget" eller "kan vi tale sammen"

5. Nu handler det om sansning.
   Sanser du noget, der kan tolkes som en form for svar?
   Mærker du noget i kroppen?
   Får du lyst til at sætte ord på noget, der kunne forstås som et svar?
   Prøv det.
   Stil din indre stemme til rådighed for cellerne,
   hvad vil cellerne fortælle dig?
   Leg med det, det er sådanne ord, der kan åbne for dialog.

6. Afslut med at sige tak, hvis du synes, der er noget at sige tak for.

Det var dette, jeg oplevede i sansestolen. Mærkelsen og ordene. Kropsreaktioner og ord, der flød af sig selv på forbavsende vis, og som jeg optog på diktafon. Det var en stjerneenergi, jeg var forbundet med, men som Nielsens Bevidsthedsmodel viser, er det samme vibration som cellerne.

Jeg foreslår, at du leger videre med det. Det kan være banebrydende, som det var det for mig.

Og lige en teknisk ting, som alligevel er mere end teknik:
Når jeg anvender diktafonen, anvender jeg også hovedtelefoner, så jeg hører, hvad jeg selv siger. Det betyder, at de ord, der kommer fra min sjælsbevidsthed, bliver talt direkte ind i min dagsbevidsthed. De integreres i det felt, jeg er i, mens jeg taler.

3.2 Cellebevidsthed

Cellerne i kroppen er multidimensionelle og er i sig selv levende væsener. De formerer sig og optager energi fra det omgivende univers i form af næring fra kroppen, som det er kendt. Set i cellernes perspektiv er dette energi udefra.

Men cellerne kan også modtage energi ad mere sindrige kanaler i mikrokosmos, indefra. De kan modtage energi, der kommer ind i hvert eneste atom via resonansen mellem quarks og den åndelige energi fra Kilden. Cellen kan altså modtage åndsenergi indefra. Dette er grunden til, at mennesker kan leve af lys. Det burde bare hedde "af lys og ånd".

Cellerne er centrale for vores sundhed og helbred. Cellerne er kroppens byggesten på ét niveau, og cellebevidstheden kender kroppens tilstand på nærmeste hold. Ja, kroppens tilstand er det samme som cellernes tilstand.

Dette er den naturlige forklaring på, at selvhealing kan ske gennem dialog med cellerne, ved at tale med dem, tale til dem, kanalisere fra dem. Det aktiverer dem, beliver dem, og det er den sikreste vej til information om, hvad vi skal gøre for at have et godt helbred.

Cellerne rummer en guldgrube af information, blot vi tør lytte og følge det, vi modtager.

Denne forståelse fremhæver kroppen og cellerne som en vigtig del af mennesket, og den bryder med de forestillinger, man kan have om kroppen som hylster for sjælen. Kroppen er mere end det. Kroppen og cellerne er mere end et tempel for sjælen. I denne første bog taler jeg nok om krop, sjæl og ånd som adskilte, som tre aspekter af vores eksistens, og tæt forbundne. Men kroppen og sjælen er spejlbilleder af hinanden. I takt med at vi integrerer nye dele af sjælens mange lag, vil kroppen langsomt forandre sig tilsvarende.

Ascension og Descension

Kroppen og sjælen rummer et potentiale for at modtage den åndelige livsenergi. Det er afgørende for menneskehedens fortsatte udvikling, som er i gang, og den rummer to modsatrettede processer, kaldet ascension og descension.

Jeg har allerede nævnt ascension som menneskets opadstigende proces, en fortsat udvidelse af vores bevidsthed til at rumme og integrere de 12 dimensioner i sjælsuniverset. Det er at integrere vores sjæl og forbinde os med ånden. Denne bog følger denne retning ved at arbejde sig op gennem bevidsthedslagene.

Samtidig foregår der er descension proces, åndens nedstigen i stoffet, og den foregår mere og mere, stærkere og stærkere i takt med at vi åbner os for dette perspektiv. At det i sidste ende handler om at åbne os for åndens integration i stoffet, og at det sker gennem menneskets sigen ja til sig selv og til vor sande eksistens.

Når man traditionelt bruges betegnelsen ascension og descension, er det energi- og bevidsthedssprog. Ascension er en stigen op i frekvens. Fysisk set er det at trænge dybere og dybere ind i stoffet. Og på samme måde betyder descension, at ånden trænger ned i tungere og tungere lag i sjælsuniverset, og fysisk betyder det, at ånden træder ind i stoffet fra cellernes inderste kerne.

Da cellerne er så vigtige for samspillet mellem krop, sjæl og ånd, vil jeg afslutte dette afsnit med endnu en celleøvelse, denne gang fra Elsebeth Karsholts første bog *Vores Guddommelige Krop – Sundhed og Helhed* (Karsholt 2020).

Øvelse 2 Celleøvelse

1. Sæt dig godt til rette, slap af og tag nogle dybe indåndinger. Luk dine øjne og kom i en meditativ tilstand.

2. Forestil dig cellen som et univers og forestil dig at du går ind i cellen, mærker dens forskellige dele, plasmamasse og inderst inde DNA-strenge og cellekernen.

3. Nu træder du helt ind i cellekernen. Mærk at du træder ind i et tomrum, en stilhedsport, der åbner ind i celleuniverset. Føl dig svævende i dette indre cellefelt.

4. Lad nu lyset eksplodere ind i cellefeltet. Mærk kontakten til de stærkt healende energier i kosmos og lad det eksplodere rundt i hele kroppen.

5. Hele kroppen lyser af belivelsen fra den indre celleåbning. Se alle celler som små sole, der lyser og glimter som diamanter.

6. Vær i i dette healingsfelt så længe du mærker, energien ar bejder.

Elsebeth Karsholt skriver, at øvelsen også er velegnet for børn:

> Alle børn skulle, fra de er helt små, lære at give cellerne den rette "næring" på alle niveauer. Det vil mindske sygdomme og ændre ubalancer. Børn kan med lethed træne og mærke indre tilstande i kroppen, derfor er det så godt at arbejde med børn.
>
> Voksne kan også lære det med træning,
> så god fornøjelse.

Indre dialog er ikke begrænset til at tale med vore celler. Vi skal se, hvordan vi kan gå et skridt dybere ind i kroppen. Det er et vigtigt skridt i ascensionprocessen, idet vi på den måde kommer til at integrere nye lag af sjælsbevidstheden.

I første omgang skal vi ind i atomerne, men vi kommer også dybere ind, hvor det ikke har mening at tale om stof alene. Vi kan bevæge os ind, hvor kvantefysikken taler om partikel-bølge dualitet og længere ind, hvor kvantefeltteorierne fortæller, at felter er det egentlige, at felter er mere grundlæggende end partikler, og at alt er opbygget af felter. Men et skridt ad gangen.

I første omgang tager vi skridtet fra celleplan til det atomare plan og ser, hvordan det meget konkret og enkelt er dukket op i min personlige historie. Og med vigtige konsekvenser.

3.3   Dialog med atomerne i kroppen

Det begyndte på en drømmeseng på Gran Canaria i 2015.
Uden at tænke nærmere over det, rettede jeg spontant min opmærksomhed mod atomerne i kroppen. Jeg forbandt mig med dem, som jeg plejede at gøre ved cellekommunikation.

Efterfølgende skrev jeg dette.

> Jeg forbandt mig først med brintatomerne. Der skete ingenting. Derefter kulstof-atomerne og her skete det. Kroppen reagerede. Jeg mærkede en rysten i kroppen, udgående fra maven. Og straks så jeg også betydningen.

Rystelsen var tydeligvis noget, der blev sat i gang, fordi jeg fokuserede indad og rettede opmærksomheden mod det bevidsthedsniveau, som atomerne repræsenterer.

Processen er analog til processen med cellerne. Nu sker det blot et lag dybere i kroppen, i det atomare lag, der er 8 d i bevidsthedsmodellen. Igen er der resonans mellem kroppen og bevidstheden, den bevidsthed jeg aktiverer i det øjeblik jeg retter opmærksomheden mod atomerne. Kroppen reagerer fysisk med det samme.

Denne oplevelse fortalte mig, at vi kan gå i dialog med atomerne på samme måde som ved cellekommunikation. Nu foregår dialogen blot på en højere frekvens. Og det vigtigste er ikke dialogen, for vi kan allerede få den nødvendige viden og visdom i dialogen med cellerne. Det vigtige er aktiveringen af atomerne.

Inden vi ser på konsekvenserne af denne aktivering, bringer jeg en øvelse om dialog med atomerne. Den foregår på samme måde som den første øvelse om cellekommunikation, og gentagelsen skal understrege betydningen af aktiveringen på det nye niveau.

Øvelse 3 Dialog med atomerne i kroppen

1. Sæt dig godt til rette, slap af og tag nogle dybe indåndinger. Luk øjnene.

2. Sig ja til dig selv.
   Sig ja, jeg kan tale med atomerne i kroppen.
   Føler du modstand?
   > Hvis nej: gå videre til pkt. 3
   > Hvis ja kan du sige til dig selv:
   > > "Hvorfor kan jeg tale med atomerne?"
   > Bliv siddende lidt med dette spørgsmål, lad det aktivere din underbevidsthed. Du kan gå videre til pkt. 3, når du er klar.

3. Ret nu din opmærksomhed mod dine atomer på en måde, der passer til dig. Du kan gøre det visuelt, eller som jeg gør, med ord. Du kan sige til dig selv:

   > "Jeg forbinder mig med atomer i kroppen."

Blot du har intentionen, sker der noget energetisk. Du akti-verer atomerne. Det er healing. Du kan sidde et øjeblik i det. Du kan gentage ordene, eller bruge dine egne ord.

Du kan stoppe her og lade healingen virke, uden at tænke på dialogen. Eller du kan gå videre som vi gjorde ved celle-kommunikation.

4. Nu henvender du dig til atomerne med nogle korte sætnin-ger. Hold en kort pause mellem hver sætning og mærk hver gang, om der er nogen form for reaktion, fysisk, følelses-mæssigt eller mentalt.

    "Atomer, er I der"
    "jeg vil gerne i kontakt"
    "Vil I vise mig noget" eller "kan vi tale sammen"

5. Derefter handler det om sansning.
    Ser eller mærker du noget, der kan tolkes som et svar?
    Mærker du noget i kroppen,
    bliver kroppen aktiveret af dine spørgsmål?
    Får du lyst til at sætte ord på noget, der kunne forstås som et svar?
    Stil din indre stemme til rådighed for atomerne, hvad vil de fortælle dig?
    Leg med det indvendigt, ordene kan åbne for en dialog.

6. Du kan afslutte med at sige tak.

Det vigtigste er her, at vi aktiverer et nyt energiniveau i kroppen, at vi aktiverer atomerne, beliver dem, sådan som jeg mærkede det i min fokusering, da jeg lå på drømmesengen. Det er fysiologiske processer på det dybe nanoniveau, der sætter sig så stærkt igennem, at jeg mærkede det på makroniveau. Kroppen rystede. Lad mig nævne tre vigtige konsekvenser.

Forbindelsen til det atomare lag har betydning for vores sundhed. De dybe processer styrker kroppen på nye måder ved at styrke immunforsvaret. Vi gør nye lag af den højere bevidsthed til en aktiv del af de selvhelbredende kræfter. Det ser vi på om et øjeblik.

Kropsrystelserne er tegn på en integration af nye energier i kroppen. De forandrer langsomt kroppen, forfiner den, gør den mere modtagelig for universets skabende kræfter. Denne proces kaldes for rekalibrering. Det er mere end healing, det er også en justering af kroppen, en tilpasning til de nye energier. Og denne justering er et samspil mellem de nye energier og kroppens homøostase.

Endelig er der det eksistentielle aspekt, vores forståelse af os selv og vores liv. Hvad betyder det for os, at det atomare lag i kroppen kan reagere?

Det er de personlige erfaringer, der udformer vores verdensbillede, og disse erfaringer gav mig en dybere forståelse af bevidsthedsmodellens realitet. Det var en konkret oplevelse af, at de forskellige lag i bevidstheden er forskellige indgange til at belive vores krop ved at udføre bevidsthedsarbejde. Modellen kortlægger disse indgange, og det sætter os i stand til at tage langt mere ansvar for vores liv.

Funktionelle lidelser – den kontroversielle diagnose

I første omgang vil jeg forfølge sundhedssporet, for oplevelsen førte mig ind i de funktionelle lidelser, som er en fælles betegnelse for op mod 30 lidelser og sygdomme af meget forskellig art.

De funktionelle lidelser er kendetegnet ved fysiske symptomer, som påvirker funktionsevne og livskvalitet. Det kan være symptomer som hovedpine, smerter, koncentrationsbesvær og træthed. Og det er lidelser som fibromyalgi, piskesmæld og Parkinson.

Fælles for disse lidelser er også, at man ikke kender årsagen. De kan hverken rubriceres som fysiske eller psykiske, og de er en voldsom udfordring for sundhedsvæsenet. Fællesbetegnelsen er stærkt kritiseret af patienter og patientforeninger.

Problemet med disse lidelser er ifølge Professor Peter La Cour, at der er tale om mange forskellige sygdomme med hver deres årsag, behandlingsprincipper og prognose (La Cour 2021). Eksempelvis rubriceres ME/CFS (kronisk træthedssyndrom) i Danmark som en funktionel lidelse i modsætning til mange andre lande, herunder USA og England, hvor psykiatrien er pillet ud af behandlingen.

La Cour skriver om det danske behandlingstilbud:

> ME-patienter bliver dårligere af den anbefalede behandling, og de kan ikke gennemføre den. Der skal noget andet til. De danske forhold kalder på politisk bevågenhed i 2019.

Med det afsæt vil jeg vende tilbage til mine oplevelser fire år tidligere.

3.4 Funktionelle Lidelser

Min oplevelse på drømmesengen kom ikke ud af det blå. Dagene op til ferien på Gran Canaria var specielle. De satte oplevelsen i perspektiv og gjorde, at jeg straks forstod betydningen.

Søndagen inden har vi besøg af Niels Viggo Hansen fra Dansk Center for Mindfulness, Århus Universitet. Han fortæller, at de arbejder med at undersøge og dokumentere brugen af mindfulness i forhold til mennesker med funktionelle lidelser.

Dagen efter ringer min ven og fortæller, at hans kæreste skal til udredning på Århus Universitetshospital, da der er mistanke om, at hun lider af en eller flere af de funktionelle lidelser.

Tirsdag havde jeg mit ugentlige møde med min ven og læge, Niels Bie, som fortæller, at han er optaget af, at han i næste måned skal have et møde med en gruppe læger. De samles for at drøfte funktionelle lidelser fra en ny synsvinkel, som de kalder "Den patientcentrerede medicin", som har fokus på at involvere patienten i beslutninger om behandlingsforløb.

Endelig deltager jeg onsdag i den ugentlige fjernhealing, hvor Flower of Life Gruppen mødes i Århus. Her dukker denne sætning op:

De funktionelle lidelser er et kald til lægerne og politikerne. Evolutionens kald. Et kald om at vågne op.

Det står klart for mig, at det er en ny sundhedsforståelse, de skal vågne op til. I mine notater fra den efterfølgende samtale i gruppen står følgende.

De funktionelle lidelser er universets eller evolutionens kald på læger og politikere.

Det er tid at indse, at sundhedsvæsenet ikke slår til, at en række sygdomme kalder på en anden forståelse af sygdom. Og denne anden forståelse er holistisk. Den handler om, at end ikke mindfulness i sig selv hverken er medicin eller del af medicinen, med mindre den bringes ind i en forståelse af, at det i sidste ende er patientens selvhelbredende kræfter, der skal aktiveres. Dette sker bedst gennem patientens egen tro på, at det forholder sig på den måde.

Sådan.

En af deltagerne følger op med, at hun under fjernhealingen blev ført ud af jordens felt for at se ned på jorden. Hun forstod straks, at det handlede om at se hendes fibromyalgi i et højere perspektiv, netop det perspektiv jeg taler om. Samtidig kom hun til at tænke på, at hun tidligere havde fået at vide, at hun på et tidspunkt ville komme til at tale om sit sygdomsforløb. Nu forstod hun hvorfor, men er ikke klar endnu.

Jeg forstår også, hvorfor de funktionelle lidelser er kommet så stærkt ind som tema de foregående dage.

Og jeg må tilføje, at de funktionelle lidelser ligesom al anden sygdom også er et kald til patienterne. Et kald om at tage medansvar for helbredelsen. Det er ikke en psykisk lidelse, men et indre råb om at blive set som et helt menneske. Da det er en usynlig sygdom, er en ny forståelse nødvendig. Den enkelte skal se sig selv, før man kan forvente det af lægen.

Det var med den bagage, jeg rejste til Gran Canaria og fik den indre kontakt til det atomare bevidsthedslag. Og da kroppen vibrerede, fordi jeg kontaktede atomerne, mærkede jeg straks forbindelsen til oplevelsen i fjernhealingen. At det handlede om de funktionelle lidelser.

Det blev tydeligt, at arbejdet med de bevidsthedslag, jeg kalder 7d, 8d og 9d, kan åbne for helbredelse af mange af de funktionelle lidelser. Jeg var selv i gang med en sådan proces, uden at jeg nogensinde var blevet diagnosticeret med en funktionel lidelse.

Jeg vender i afsnit 3.7 tilbage til kaldet fra de funktionelle lidelser til læger, politikere og patienter, men først skal vi se, hvordan man kan arbejde med sundhed og helbredelse på disse niveauer.

3.5   Tre tråde i centralnervesystemet

Der er et mønster i arbejdet med selvhealing på disse dybe niveauer. Det er et mønster, der sikrer, at healingen går dybt nok. Et mønster med tre tråde.

Beskeden i fjernhealingen peger på patientens tro på, at det indre bevidsthedsarbejde har en helbredende virkning. Og den peger på betydningen af de selvhelbredende kræfter.

Det er to af trådene, og vi skal være opmærksomme på dem begge. Energien kan ikke arbejde, når der er indre modstand. Og der er en tredje tråd, som er et metaniveau. Den handler om at nå til en dybere erkendelse af det, der sker i arbejdet med de to første tråde.

Det er tre aspekter, som arbejder sammen og vikler sig ind i hinanden som tre livstråde, der sammen skaber en ny livstråd. Denne treenighed går dybere ind i bevidstheden og kan arbejde sig ind i centralnervesystemet. På denne måde kan vi skabe et nyt centralnervesystem, og healingen bliver mere end blot at reparere noget defekt. Healingen bliver til rekalibrering, en nyskabelse af krop og sjæl.

Den første tråd er bevidsthedstråden. Den handler om vores indre trossystem. Det drejer sig om troen på vores indre kraft, troen på, at vi har muligheder for at blive helbredt ved hjælp af de selvhelbredende kræfter, og troen på betydningen af den højere bevidsthed, som gemmer sig i cellerne og atomerne.

Det handler om at bringe denne tro endnu dybere i vores bevidsthed og gøre den til en del af vores livsforståelse, vores fundament for at leve. Når vi kommer i kontakt med den, siger vi et dybt JA til os selv. Denne indre overbevisning kan flytte bjerge og helbrede sygdomme. Det er det positive aspekt af placebo-effekten.

Den første tråd handler om mere end det. Den handler om hele vores tankesæt, om ændre alle begrænsende programmeringer fra barndommen og det begrænsende tredimensionelle verdensbillede, vi møder i uddannelsessystemet. Det handler også om at gøre op med den umyndiggørelse, vi møder fra samfundets autoriteter, og om at blive vores egen autoritet.

Tråden handler om at få øje på de indre modstande og at slippe dem. Vi skal se mulighederne i det større verdensbillede og finde autoriteten inde i os selv. På denne måde kan vi gøre en forskel i arbejdet med vores sundhed og helbredelse.

Vi kan arbejde konkret med denne tråd på mange måder. Jeg læste med stor fornøjelse Lissa Rankin´s fine bog "Mind over Medicine". På dansk hedder den "Din selvhelbredende kraft – Videnskabeligt bevis for at du kan helbrede dig selv" (Rankin 2014).

Lissa Rankin er læge og forfatter. Hun præsenterer en overbevisende dokumentation af vores muligheder for at helbrede os selv ved at aktivere de selvhelbredende kræfter. Bogen indeholder talrige henvisninger til videnskabelige undersøgelser og tankevækkende beretninger om helbredelse. Dens overordnede formål er at opbygge vores tro på, at vi kan helbrede os selv og at give konkrete anvisninger på, hvordan vi kan opnå det.

Den anden tråd er energitråden. Den handler om at styrke kroppens energetisk, at arbejde direkte med selvhealing. I min proces skete det gennem kontakten til det atomare bevidsthedslag i 8d, dialogen med kroppens atomer. Og det skete med den healing, der lå i at læse Lissa Rankin.

Hvis denne dybe form for healing skal virke ind i det fysiske og helbrede fysisk sygdom, forudsætter det en renselse af de grovere niveauer i kroppen, at rense vores organer, kirtler og celler. Det kan være længerevarende processer, men de kan foregå helt enkelt som indre dialoger med kroppen, organerne, kirtlerne og cellerne. Og det kan suppleres med healing og fjernhealing.

Endelig er den tredje tråd et metaniveau. Denne tråd handler om at opbygge en forståelse af det, der sker, når vi arbejder med de to første tråde. Forståelsen kan udvikles langsomt, i takt med at processerne udvikler sig, eller den kan opstå som en aha oplevelse som tegn på, at processen er forstået og afsluttet. Kroppen falder mere og mere til ro, og en indre afklarethed viser sig.

Arbejdet med metaniveauet kan foregå ved at føre dagbog. Samle de overordnede tanker, registrere kroppens reaktioner og notere de nye erkendelser, der dukker frem – langsomt eller som pludse-lige indsigter. Denne tredje tråd er en syntese, og den er vigtig. Den sikrer, at vi gradvist integrerer det hele i os som del af den eksistentielle proces, det er at åbne op til vores sjæls- og åndsunivers.

Det er helheden af de tre tråde, der skaber healingen. Der skabes nye energetiske forbindelser i hver eneste celle i kroppen, og som nævnt er det med til at skabe et nyt centralnervesystem. Healingen og forståelsen følges ad, og når alt er integreret, er processen forstået og afsluttet.

Den Magiske Skabelses- og Healingstrekant

Tre Livstråde

Bevidsthedstråden
Energitråden
Metaniveauet

3.6 Den Magiske Trekant

De tre tråde er på en måde gammelt stof i nye klæder. Skabelse sker i enheder af tre. Det er beskrevet i den nordiske mytologi, hvor de tre norner eller skæbnegudinder spinder menneskers livstråde. Richard Wagner bringer temaet ind i opera-cyklussen Nibelungen-Ringen. Og skæbnegudinderne finder vi også i den græske mytologi.

Der er tre livstråde hos nornerne, i Ringen og i den indre healing. Trådene er som en livsdans mellem energier, på samme måde som i yoga-traditionerne, hvor Ida og Pingala som to tråde vikler sig omkring Sushumna, de tre eteriske energilinjer langs rygsøjlen.

Og det er som en livsdans mellem de tre quarks, der danner en neutron og mellem de tre quarks, der danner en proton. Det er som om livsdansen foregår inde i kernen af alle grundstofferne i universet.

Det indre arbejde med de tre tråde er en nøgle til at arbejde med selvhealing og enhver anden form for indre vækstproces. Bevidsthedstråden, energitråden og metaniveauet.

Denne form for healing er samtidig en skabelsesproces. Det er en rekalibrering og en nyskabelse af vores centralnervesystem og identitet. Derfor har den både fået navnet den magiske skabelsestrekant og den magiske healingstrekant – eller kort sagt, den magiske trekant.

Trådene i den magiske trekant:

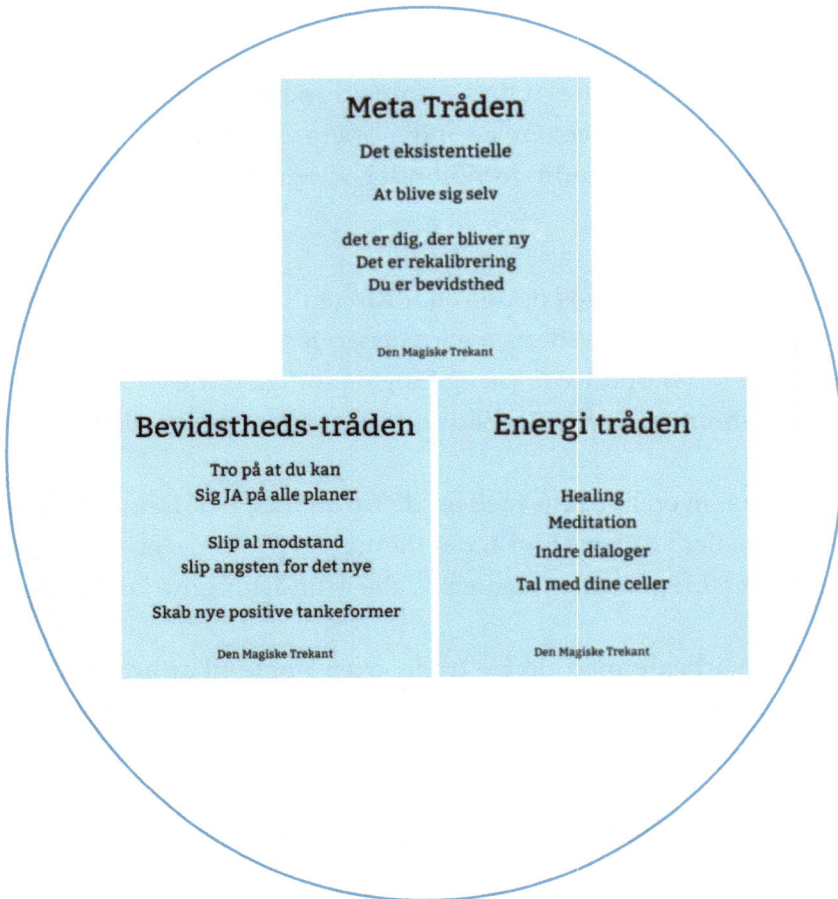

Figur 5   Den Magiske Trekant

Trekanten blev udviklet i forbindelse med arbejdet i bevidsthedslagene 7d, 8d og 9d, men metoden er universel, uanset om vi taler om bestemte bevidsthedslag eller ej. Vi vender tilbage til den, når vi fortsætter ascensionprocessen i 10 d – 12 d.

3.7 Svaret

Her vender vi tilbage til de for at se nærmere på, hvad kaldet er til lægerne, politikerne og patienterne. Det kald, jeg oplevede i fjernhealingen før rejsen til Gran Canaria. Det kald, der handler om en ny forståelse og håndtering af sygdom.

Svaret i fjernhealingen var, at vi skal tænke anderledes om sundhed og sygdom, at vi skal tænke holistisk. Det er patientens selvhelbredende kræfter, der skal aktiveres, og det sker aller stærkest via patientens egen tro på, at det forholder sig på den måde.

Det holistiske syn betyder, at krop, sjæl og ånd skal ses som en helhed. Denne helhedsforståelse har betydning for helbredelse af mange sygdomme, herunder de funktionelle lidelser.

I det holistiske perspektiv er sygdom en indre proces, der arbejder på at genoprette den indre balance. Og det er ikke blot i kroppen, det er en balance i sjælsbevistheden og dens sammenhæng med krop og ånd. Vi kan fremme denne proces ved at aktivere kroppens helbredende kræfter, herunder den højere bevidsthed.

Med denne helhedsforståelse gør vi sygdom til livsbekræftende medspiller frem for noget negativt. Vi slipper årsagsforståelsen, vi søger ikke årsagen til, at noget er galt, for der er ikke noget galt. Der er en mulighed for at skabe ny balance. Og vi diskuterer ikke, om de funktionelle sygdomme har en fysisk eller psykisk årsag.

Sygdom er en naturlig del af kroppens måde at fungere på. Man kan sige, at sygdom har en hensigt, nemlig at genskabe balancen i kroppen. Sygdom træder ind, når kroppen er kommet så meget ud af balance, at homøostasen ikke kan håndtere det.

Denne forståelse kalder på en anden måde at tænke og arbejde med sygdom. Vi skal have fokus på de selvhelbredende kræfter og på spørgsmålet, "hvad kan jeg selv gøre?"

Det bringer nye perspektiver ind i sundhedsvæsenets og patienternes forståelse og håndtering af sygdom. Der er større muligheder for helbredelse, når vi selv tager ansvar og gør den højere bevidsthed til en del af de selvhelbredende kræfter.

Perspektivet om at opfatte sygdom som et kald fra dybet er også en opfordring til patienterne om at tage medansvar i håndteringen af sygdom. Og indre dialog er et konkret redskab til at imødekomme dette kald.

Politikerne

Politikerne skal forstå, at her er der tale om et nyt paradigme, og derfor skal der prioriteres anderledes. De skal prioritere bevidsthedsforskning, herunder forskning i den højere bevidsthed og i den positive anvendelse af placebo. Og de skal prioritere selvhjælpsprogrammer samt videreuddannelse af sundhedspersonale i det holistiske sundhedssyn, herunder hvordan det kan udmøntes i praksis.

Lægerne

For lægerne handler kaldet om en ændring af det mindset, de har mødt på uddannelsen. At der er andre veje end medicin og kirurgi.

At der er forskel på at arbejde med og mod kroppens selvhelbredende kræfter. Og at sundhedssektoren skal give plads til nye fagområder, plads til dele af den alternative sektor, plads til nye typer af behandlere i form af terapeuter, mentorer og coaches, der kan arbejde med den højere bevidsthed, indre dialog og healing.

Læger og politikere skal præsenteres for den overbevisende dokumentation, der findes om, hvordan mennesker kan helbrede sig selv. Jeg har tidligere nævnt Lissa Rankin, og siden hendes bog udkom i 2013, er den videnskabelige litteratur på området vokset markant.

Særligt interessant er Joe Dispenzas arbejde, fordi han kombinerer sit helbredende arbejde med videnskabelige målinger. Han skriver på sin hjemmeside (Dispenza 2025):

> I mere end et årti har vores team udført tusindvis af timers original forskning – observeret almindelige mennesker, der gør det ualmindelige, målt resultaterne og analyseret data. Beviserne viser, at der er en klar formel til at skabe varige ændringer i krop og sind.

Patienterne

Endelig er der et kald til patienterne. Det handler om at lytte indad, at sige ja, og at åbne til det, der kalder. På den måde kommer vi til at se livet, sygdom og sundhed som processer, hvor vi er aktive medskabere, og det bliver muligt at tage et medansvar for helbredelsen.

Helbredelse handler om at aktivere de selvhelbredende kræfter, og processerne forstærkes ved at tro på, at det forholder sig således.

Det er udtrykt så smukt af Erik Rasmussen, daværende chefredaktør på Ugebrevet Mandag Morgen. Han gennemlevede et alvorligt kræftforløb og skriver følgende i sin bog, *Den dag du får kræft* (Rasmussen 2003).

Sidsels opbakning og vores fælles tro på, at vi også kunne udrette noget, blev afgørende for min holdning til kræften. Det stod pludselig klart for mig, at jeg selv kunne tage et medansvar, at jeg selv kunne gøre en forskel. Netop den erkendelse blev en af de vigtigste drivkræfter i de efterfølgende måneder. Efter min bedste overbevisning var den en medvirkende årsag til, at jeg overhovedet overlevede.

Patienternes ansvar er at tage medansvar for helbredelsen, og bogen her handler også om at vise, hvordan det kan gøres.
Hovedpunkterne er

- o Sundhed og helbredelse kommer indefra
- o Styrke de selvhelbredende kræfter
- o Aktivere kroppens celler og atomer
- o tro på betydningen af egen indsats

Funktionelle lidelser

Det er de funktionelle lidelser, der har kaldt på disse svar. Oplevelsen i fjernhealingen var som tidligere omtalt, at de funktionelle lidelser skal opfattes som et kald til politikere, læger og patienter. Det er et kald om at blive set som et helt menneske.

De funktionelle lidelser er en række usynlige sygdomme, som uden faglig begrundelse er kommet i en fælles kasse, hvor noget af det

fælles er det uforklarlige, det usynlige, og det er derfor, de kalder
på en ny forståelse. Den enkelte skal se sig selv, før man kan for-
vente det af lægen.

De funktionelle lidelser kræver en omstilling i sundhedsforståelsen,
da sundhedsstyrelsens sundhedsforståelse og praksis ikke slår til.
Det holistiske sundhedssyn kan fungere for alle, og alle former for
sygdom kan opfattes som et kald til patienten. Sygdom kalder på,
at patienten skal se indad, lytte, mærke og gå i proces med kroppen.
Og de selvhelbredende kræfter er en nøgle.

Den Højere bevidsthed

En af denne bogs hovedpointer er, at den højere bevidsthed er en
del af de selvhelbredende kræfter, den er en del af vores immunsy-
stem. Den højere bevidsthed kan aktivere de dybe celle- og nanolag
i kroppen. Det handler helt konkret om, at vi kan påvirke atomernes
samspil inde i hver eneste celle i kroppen. Når vi åbner for dette,
aktiverer vi den højere bevidstheds healende kraft og kroppens
evne til at arbejde hen imod balance. Dette perspektiv kan integre-
res i vores sundhedsvæsen.

Men det sker ikke bare ved at ordinere meditation eller mindful-
ness. Meditation som ordineret behandlingsform har ingen mening
i sig selv. Patienterne skal sige ja dybt inde for at åbne for energiens
frie flow.

Og det er langt fra sikkert, at meditation kan aktivere de helbre-
dende atomare lag i 8 d og dybere. Åbningen mod disse dybe nano-
lag kræver træning og renselse af kanaler, der kan være blokerede

af traumer, indgroede vaner og selvdestruktive tankeformer, der skjuler sig i det ubevidste.

3.8 Hvad gør vi når vi bliver syge

Vi har talt om indre dialog på celleplan og det atomare plan. Det er vigtige redskaber til at belive dybe lag i kroppen og til at modtage beskeder om, hvad sygdommen vil fortælle, hvad kaldet er fra det indre.

Her skal vi se mere på spørgsmålet om, hvad vi gør, når vi bliver syge, og på spørgsmålet om, hvad sundhed egentlig er?

Sundhed handler om mere end sygdom. Sundhed er ikke fravær af sygdom - at være uden sygdom hedder at være rask. Vi kan forstå sundhed som en evne til at håndtere vores liv, når vi møder udfordringer i livet. Dette gælder ikke mindst, når vi kommer til de svære situationer som tab, sygdom og død.

I dette afsnit taler vi om evnen til at håndtere sygdom, herunder udfordrende sygdomme som kræft, funktionelle lidelser og corona. Det sunde menneske er i stand til at håndtere sygdommen, selv i tilfælde af, at den fører til døden.

Perspektivet er at se sygdom som udtryk for et behov for healing i et eller flere af de 12 lag i sjælsuniverset. Sygdom er et kald, en opfordring til at rette opmærksomheden indad og flytte perspektivet fra symptomerne til det bagvedliggende felt af energi og bevidsthed. Pointen er at komme i kontakt med dette felt.

Dette perspektiv ændrer alt. Det åbner for en ladeport af muligheder, først og fremmest muligheden for selv at tage ansvaret for helbredelsen, gerne med støtte fra sundhedsvæsenet.

Et nøglepunkt omkring de svære sygdomsforløb er, at vi bevarer vores egen kraft og troen på egne muligheder og på betydningen af de selvhelbredende kræfter. Netop som Erik Rasmussen omtaler det i det førnævnte citat (side 80).

Intet er mere helbredende.
Intet.

Dette perspektiv kræver og forudsætter, at vi ved, hvad vi kan stille op, når vi bliver syge. Det første og mest relevante spørgsmål at stille er dette: Hvad kan jeg selv gøre for at blive rask?

Kun du selv kender svaret. Det ligger gemt dybt inde i din sjæl, og indre dialog er en vej til at få svar. Ikke blot den dag, du bliver syg, men hele vejen i et sygdomsforløb.

Et besøg hos en healer vil også kunne frembringe svarene fra dit indre, hvis det er det, du beder om hjælp til. Alternativt kan du modtage fjernhealing som hjælp. Du kan sætte dig i healingsfeltet og stille spørgsmålet: Hvad kan jeg selv gøre?

Pointen er, at sandheden ligger gemt i os alle. Udfordringen er at drage den frem og at følge de svar, der kommer. Intet andet.

Med denne forståelse bliver sygdom til en livsbekræftende medspiller frem for noget negativt. Vi søger ikke årsagen til sygdom, vi diskuterer ikke, om de funktionelle lidelser har en fysisk eller psykisk årsag. Vi ser fremad, vi gør os til en aktiv medspiller i vores egen helbredelse.

Sygdom er en naturlig del af kroppens måde at fungere på, man kan sige, at sygdom har en hensigt, nemlig at genskabe balancen i kroppen. Sygdom opstår, når kroppen er kommet så meget ud af balance, at homøostasen ikke kan håndtere det. Derfor kræver sygdom, at vi sætter større fokus på de selvhelbredende kræfter.

Når det er sagt, skal vi ikke underkende muligheden for at få hjælp i sundhedsvæsenet, og det vil ofte være en del af de svar, der kommer indefra. Men det ultimative svar og visionen i denne trilogi er, at den højere bevidsthed kan helbrede al sygdom, blot det opfanges i tide, så de fysiske skader ikke er for voldsomme.

Denne tilgang til sygdom er grundlaget for fremtidens sundhedsvæsen med bevidsthedshospitaler, og nøglen ligger hos den enkelte. At flere og flere tager ansvaret på sig og åbner op for den visdom og helbredende kraft, der ligger i at vi forbinder os med de dybe lag i kroppen, i mikro- og nano lagene, som vi har kaldt celleniveauet og det atomare niveau. Men dermed også til den universelle kilde til livet, kald det Ånden, Enheden, Den Ene Bevidsthed eller Gud. Den kraft eller bevidsthed, hvoraf alt er opstået, og som til stadighed udfolder sig gennem evolutionen, som del af en større kosmisk udfoldelse. Det er en kraft, vi finder inde i os selv.

Den kosmiske sammenhæng vender vi tilbage til i næste bind, som også vil uddybe visionen om fremtidens sundhedsarbejde og helbredelse i et kapitel om bevidsthedshospitalet.

I dette bind vil jeg følge op på omtalen af sundhed på et endnu dybere niveau. Det sker med en omtale af kræft og overgivelsens magi som nøgle til kræftens gåde.

Her afrunder jeg med et par eksempler på, hvordan jeg selv har håndteret sygdom og med en omtale af Joe Dispenzas arbejde, som ligger tæt op af ideerne i denne bog (læs mere her: Dispenza 2025).

Joe Dispenza
Helbredelse gennem Bevidsthedens Kraft

Joe Dispenza beskriver sit koncept for helbredelse som en kombination af teknikker til at skabe hjernekohærens og hjertekohærens. Det betyder at skabe en form for orden mellem forskellige svingninger Han fortæller, at når vi kombinerer disse teknikker, aktiverer vi kroppens evne til at regenerere og helbrede sig selv.

De to omtalte teknikker indeholder et energiaspekt og et bevidsthedsaspekt, som i den magiske trekant. Eksempelvis at åbne hjertet ved hjælp af en åndedrætsøvelse og samtidig forbinde sig med en af hjertets højere kvaliteter, som taknemmelighed, omsorg eller glæde.

Dispenza gennemfører ugelange kurser, der resulterer i bemærkelsesværdige helbredelser, og han inviterer videnskabsfolk, der undersøger, hvad der sker i kroppen undervejs. Hans arbejde bidrager på denne måde både til patienternes helbredelse og til en dokumentation af det, der sker i kroppen ved selvhelbredelse.

3.9 Cases

Sygdomme kalder på os. De beder os om at søge indad for at sætte processer i gang og for at få svar og vejledning. Svarene kan være enkle og handle om alt fra kost, psykologiske forhold eller skift af livsstil, over til det mere radikale. Sygdom kan kalde på livsforandrende beslutninger, og svarene kan være øjenåbnere.

Jeg vil give to eksempler.

Det første eksempel handler om helbredelse af mundbrand, som er en af de funktionelle lidelser (se ordlisten for en nærmere omtale af mundbrand). Årsagen er ukendt og lidelsen er uhelbredelig i det offentlige sundhedsvæsen. Mit forløb er et eksempel på nødvendigheden og betydningen af et udvidet sundhedssyn. Det er et eksempel på den store hjælp, jeg har fået gennem de indre dialoger.

Mundbrand

Det startede den 25. januar 2018 med en voldsom smerte på tungen, især tungespidsen. Allerede da sansede jeg indad og fik svaret: Det handler om min indre ild. Der er brand, der er ild, og jeg får at vide, at jeg ikke skal være bekymret.

Denne ild, denne brand, denne smerte er en reaktion på noget dybt i min krop. Det er noget, jeg ikke husker bevidst, men som ligger gemt i kroppen. Det er lag, jeg skal igennem i den kommende tid. Det er lag, der vil løsne sig. Jeg skal se tungen som mit redskab og ilden som min ven. Ilden er min indre ild, min kraft. Den ligger i hadet, i raseriet, ilden er min drivkraft.

Sådan var beskeden allerede første dag.

Få dage senere havde jeg svært ved at spise, smerten havde bredt sig til den bageste del af tungen. Det var svært at synke, og jeg kunne hverken spise krydret mad eller drikke varme drikke. Og jeg skulle på ferie i Thailand med min kone om bare seks dage.

Og hvad skete der?

I de 14 dage, vi var i Thailand, var smerterne væk, totalt væk. Her skal det tilføjes, at ferie for os er en slags retræte. Vi bevæger os ikke langt fra vores bolig, men tilbringer meget af tiden i ro og fordybelse. Vi nyder også god mad og vin. Alligevel mærkede jeg intet til mundbranden under hele ferien. Absolut intet.

To dage efter vi var hjemme kom den tilbage. Den brændte igen konstant, og igen var beskeden, at det handler om at finde en ny måde at bruge min ild. At mundbranden ville være der, indtil jeg har fundet min nye vej.

I slutningen af februar var beskeden:

> Din forståelse er korrekt, det handler om ilden, der skal ud den rette vej, men den rette vej, den er at gå samlet ind i ilden, den rette vej er en ny vej, som vil komme ad sig selv. Og mundbranden vil være der, til du har fundet den.

> Du aner det derinde, at det er det store skifte, vi taler om. Det er afrundingen af din integrationsproces, der vil føre det med sig. Du er bange for ilden, bange for at bruge din ild. Der er ikke noget at være bange for, men det er din proces at komme bag

om og hen til at kunne håndtere din ild helt og fuldt. Komme tilbage til den ægyptiske kraft. Se at der er så meget at hente fra Ægypten, Atlantis, Lemuria, at det er det, du skal bringe ud, og det kan du ikke til fulde gøre i Alternativet.

Men de nye eksperimenter er gode, og du går den rigtige vej. Den indre healing er vigtig. Healing af din krop, healing af dit tankesæt, at der er ingen død. Der er en indre smuk transformation, en indre forståelse af, at du i bund og grund er ren ånd og kærlighed. Det er denne ånd, som manifesterer gennem elementerne, i jord, vand, ild, luft og eter. Og i højere vibrationer findes plasma, som hører til det sjette niveau. De kommende 4000 år vil handle om det femte og sjette chakra i den gamle forståelse - om halsen og pinealkirtlen, der skal åbnes for menneskeheden. Du skal begynde denne proces nu, lige nu. Tak.

Det var tankevækkende at opleve, at mundbranden forsvandt i Thailand, og at den kom tilbage. Her opstod tanken om, at det i sidste ende kunne være en dybere form for stress, selvom jeg er senior og uden for arbejdsmarkedet. Jeg er et aktivt menneske med gang i flere projekter, herunder en vigtig post som lokal forperson i Alternativet. En nat begyndte jeg at mærke, hvad der pressede mig.

Og her får jeg hjælp af den indre dialog ovenfor. At det handler om ilden, min indre ild, at jeg skal bruge mig selv anderledes. Det er det ene aspekt.

Og så skal jeg forstå noget dybere om selve eksistensen, om hvem jeg er, og om hvordan manifestationen af livskræfterne sker gennem elementerne. At menneskeheden skal integrere nye elementer som del af evolutionen. Her omtales seks. Senere er det blevet til syv.

Jeg vender tilbage til de syv elementer i næste bind, men denne trilogi er en del af svaret på det kald, der lå i mundbranden. En ny måde at bruge mig selv på.

Det var begivenhedsrige måneder, og midt i april er smerterne væk, helt væk. Og jeg skriver denne opsamling i mine notater:

> Jeg tror ikke, de kommer igen. Når jeg tør sige det, er det fordi, jeg har foretaget nogle kraftige skift: jeg er stoppet med at være aktiv i Alternativet, og vi har besluttet os til at flytte fra Mols til Odsherred og finde sammen med gode venner i et fællesskab omkring spiritualitet.

Sådan er den korte version.

For mig har mundbranden været en guidning. Jeg kunne hver dag følge smerten. Tog den til? Aftog den? Skete der noget, der kunne forklare forandringerne. Det blev en ledetråd. Og pointen er, at det handler om, at kroppen ville fortælle mig noget. Mundbranden forsvandt, da jeg lyttede og handlede på det.

Corona

Det andet eksempel handler om corona, hvordan jeg personligt har forholdt mig til risikoen for at blive smittet med virus og det offentlige pres for at gå med mundbind og blive vaccineret.

Corona har været en udfordring for alle. Vi har måttet forholde os til virussen, til den offentlige fortælling fra politikere og medier samt nære venners måde at håndtere situationen. Fra statsministeren har der ligget et pres for at få alle ind i en fælles fortælling om vaccinationens nødvendighed, selvom corona i alt, hvad jeg har fået fortalt indefra, handler om det modsatte, nemlig om at finde vores egen vej i håndteringen af virussen og eventuel sygdom.

I denne proces har indre dialog været et stærkt redskab. Jeg har haft dialoger med kroppen, med mit højere selv og med virussen. Disse dialoger er foregået skriftligt som kanalisering og mundtligt med diktafon, på samme måde som sanserejserne, eller der er kommet input gennem meditationer og fjernhealing.

Jeg er vaccineret tre gange. Ikke fordi jeg er eller har været bange for virus, men fordi jeg fik tydelige beskeder om, at jeg hverken behøver at være bange for virus eller for vaccinen. Mit immunforsvar er stærkt nok til, at jeg kan tåle begge dele, og der var enighed blandt mine nærmeste om, at vi kunne tåle vaccinen. Vi valgte derfor at blive vaccineret for at kunne leve så normalt som muligt og undgå at bruge ressourcer på den politiske modstand, hvor velbegrundet den end måtte være.

Jeg er ikke tilhænger af vacciner. Historisk set har de været nødvendige, men i mit livsperspektiv hører de ikke fremtiden til. Vaccinationen mod corona er et af de kompromisser, jeg har indgået for at kunne leve mit liv på jorden.

Den offentlige fortælling og mange diskussioner omkring corona har været præget af angst. I dialoger med virus har jeg fået at vide, at formålet med corona er en dyb transformation af menneskeheden. Lidt af det lykkedes i første runde, da mottoet "Sammen hver for sig" blev et slogan i TV, og der blev

> Coronas budskab er vågn op
>
> Mennesket skal vågne, lytte indad finde sin individuelle vej Slippe angsten
>
> Det handler om at turde stå frem være sig selv, ærlig, nøgen tiden kalder på individuel handling

blandt mange opbygget en fællesskabsfølelse på et personligt plan. Omvendt var myndighedernes brug af dødstal som mål for sygdommens alvorlighed og udvikling en direkte kanal ind i menneskers angst for døden, og det blev på den lange bane det, der overtog fortællingen om corona.

Derfor blev den personlige stillingtagen så central. At slippe angsten og finde sin egen sandhed ud fra højere motiver, at finde sandheden ud fra kroppens og sjælens behov og ønsker. Jeg er fortsat ikke bange for sygdommen, efter at have haft den.

Myndighederne mener ellers, at jeg tilhører i højrisikogruppen. Da statsministeren lukkede Danmark ned, var jeg 77 år, men jeg har aldrig identificeret mig med forestillingen om, hvordan man skal have det som 77-årig. Jeg ser mig stadig ikke som del af en højrisikogruppe. Jeg ville blive mere sårbar, hvis jeg tænkte anderledes. Jeg opfatter mig selv som tidløs, uden for de offentlige kategorier. Sundhed kommer indefra. Sådan neutraliserer jeg mig i forhold til den offentlige fortælling.

Sygdomsforløbet

I februar 2022 blev jeg syg af corona.

Mit sygdomsforløb var enkelt og samtidig dybt transformerende med to faser. Først var der fire dage med feber, en dyb, forløsende hoste, forkølelse og hovedpine - alt i alt som en ukompliceret influenza.

Anden del er noget andet. Feberen forsvinder, men jeg er træt, har hovedpine og blæner i munden, det føles nærmest som mundbrand. Jeg kommer ind i dybe processer, hvor det handler om at give slip, give plads til nye energier og at overgive mig.

Jeg går hver dag ind i overgivelsen og lader energien arbejde indefra. Bare intentionen sætter noget i gang indvendigt, noget jeg ikke vidste, hvad var. Eksempelvis står der i mine noter, at jeg på fjerdedagen kontakter energien i min hjemmeside, som hedder www.det-nyeunivers.dk, og at det øjeblikkeligt sætter en reaktion i gang. Senere kommer jeg med et lille glad udbrud, hvor jeg synger noget overraskende og forklarer min hustru, at det kommer fra det nye.

Den 7.dag slutter notaterne. Jeg er frisk, bortset fra blænerne i munden og noget i hovedet. Det er som om, der er en anden klang indvendigt, som om noget med ørerne og balancen er anderledes. Processerne er fortsat i gang.

Læren fra Corona

Corona har mest af alt været en indre proces hen mod at forene mig med den indre guddommelighed, der ligger som en kim i os alle.

Op til sygdomsforløbet havde jeg en vigtig drøm:

Jeg er ombord på et skib, der er på vej i havn. Det skal ligge ved den kaj, hvor der lige nu ligger et skib, der skal sejle ud for at give plads.

Det er nøglen til at forstå mit forløb. Det er intet mindre end en helt ny energi, der træder ind i min krop og tager bolig som ved en fødsel. Og den forbinder sig helt ind i det fysiske.

Det er min åndelige identitet, der bliver knyttet ind, og det sker ikke mindst i kraft af overgivelsen. Her giver jeg slip på styringen af den indre proces, den spirituelle kraft kender sin vej. Jeg har blot skullet være i min væren og er fulgt med energien, når den brød igennem på forskellig vis.

Som jeg fik at vide i en indre dialog:

Du vil mærke en ny form for sandhed, en ny verden, der åbenbarer sig ved, at du nu er i resonans med en anden virkelighed end før. Og det kræver opmærksomhed, træning og mod til at italesætte alt dette.

Kollektive aspekter

Sygdom har, som før nævnt, en indbygget en stræben mod balance, og vi kan støtte denne stræben ved at åbne os indad og styrke de selvhelbredende kræfter. Den højere bevidsthed er en kraftfuld hjælp i denne sammenhæng.

Denne vinkel slog på ingen måde igennem under coronakrisen, og det blev på ingen måde italesat af myndighederne, heller ikke i den

milde form, at vi kan styrke os personligt ved at forbedre immun-
forsvaret med bestemte vitaminer og mineraler. Det handlede om
kontrol, og den blev gennemført ved at udnytte og nære den kollek-
tive angst. Denne angst er fortsat enorm og den største hindring for
det gennembrud, der er i gang på Jorden.

Og gennembruddet er i gang. At tale om en indre guddommelighed
kan lyde stort, men det er noget, der til alle tider har ligget i menne-
sket som en bevidst eller ubevidst længsel. Nu er evolutionen nået
til så langt, at det er noget, der kan realiseres af alle. Der er mange,
der siger ja til at gå den vej. Mange vågner op.

Flere og flere vil følge efter, også hjulpet eller tvunget på vej af syg-
dom og kriser. Dybe evolutionære kræfter er frisat, og de kan ikke
stoppes. Menneskehedens modstand kan bringe nye kollektive kri-
ser frem, og det skal ikke ses som noget ulykkeligt. Det kan være
nødvendige udfordringer på vejen frem mod Det Nye Univers med
et helt nyt menneske og et helt nyt jordisk liv. Kriserne kan ses som
kald i lighed med sygdom.

Kapitel 4

DET ER UNIVERSET
DER OPDAGER SIG SELV INDEFRA GENNEM DIG
Indre Dialog 2016

4   Perron 9 ¾

Perron 9 ¾ på King's Cross Station I London blev verdensberømt med Harry Potter bøgerne. Perron 9 ¾ er den perron, hvor elever fra Hogwarts hvert år den 1. september tager Hogwarts ekspressen. Hogwarts er skolen, hvor hekse og troldmænd mellem 11 og 18 år lærer magi, så perron 9 ¾ er forfatterens måde at udtrykke, at der findes en virkelighed ud over den lineære, vi kender.

Og den virkelighed gemmer sig i det multidimensionelle og den gemmer sig i de magiske lag 10-12 d. Inden vi træder ind i disse lag, skal vi opleve et eksempel på, hvad multidimensionaliteten på perron 9 ¾ kan betyde. En rejse til nyt land.

Det er en særlig kunst at indfange det multidimensionelle i et lineært sprog, som vores hjerne er vænnet til. Jeg holder en linje gennem bogen, men vil nu tage en afstikker, som er logisk, når vi tænker multidimensionelt, men forvirrende i forhold til bogens temaer om sundhed og samskabelse. Den er til gengæld vigtig i forhold til det eksistentielle spor.

Ekskursen går til Andromeda. Det er et sidespor, der har vist sig som et eksempel på det multidimensionelle. Bevidsthedsmodellen er ikke blot 12 trin på en trappe, men snarere den 12-dimensionel kugle med mange smutveje eller ormehuller. Og det er en af de smutveje, vi skal følge her.

4.1 Døren til Andromeda

Jeg minder om, at indre dialoger med atomerne sker i 8 d. Bevidsthedsmodellen fortæller, at her er der også adgang til makrokosmos og tilbage til de lemuriske tider. I makrokosmos er der adgang til 8 d, til det galaktiske bevidsthedsniveau. Det er her, vi kan møde Andromeda, Mælkevejens nabo i Himmelrummet.

Min forbindelse til Andromeda har udfoldet sig fra de tidligste sanserejser i 2013. Som midtvejs i den fjerde rejse:

... forbinder mig til de enkelte atomer, til Lemuria, til centrum af galaksen, til Andromeda. De er forbundne, galakserne danser, Mælkevejen og Andromeda danser, koblet til atomerne.

Energien omkring Andromeda føles som at komme hjem. Andromeda-energien mærkes som en dybere essens af væren.

For mig rummer forbindelsen til Andromeda mere end det. Jeg er forbundet til et rumskib, der er knyttet til Andromeda. Den forbindelse er vedvarende, og den har ført mig til indre tantriske processer med et feminint væsen ombord på rumskibet. Dem vender jeg tilbage i kapitel syv om tantra.

Tilknytningen til Andromeda har også vist sig i en forunderlig indre kontakt i stil med nobelpristageren Harry Martinson's oplevelse. Martinson begyndte i 1956 at skrive det epos, der ligger til grund for operaen Aniara (Martinson 1956).

Martinson husker, at han en nat studerede Andromedagalaksen gennem sit lille hjemmeteleskop. Han opdagede, at den nærliggende galakse skinnede mere intenst, end han nogensinde havde set før. Begejstret gik han hen og vækkede sin kone Ingrid for at dele oplevelsen med hende, men hun var ikke imponeret. For Martinson var det en dybt personlig oplevelse - en resonans. Den kraftfulde oplevelse af det ydre rum satte gang i hans fantasi og fik hans tanker til at kredse om et rumskib.

Han begyndte kort efter at få oplevelsen af at befinde sig i et rumskib. Først føltes det kaotisk, han var fyldt af angst. Efterhånden begyndte visionerne dog at blive mere klare inde i ham, og sangene om operaens to hovedpersoner, Doris og Mima, kom til ham i løbet af et par uger.

Harry Martinson dikterede hele historien for sin kone, mens han lå på ryggen. Han kommenterede det senere med ordene:

Jeg finder ikke på dette digt, det åbenbarer sig bare for mig.

Handlingen udspiller sig i rumskibet Aniara på vej mod Mars med en gruppe emigranter fra den ødelagte Jord. Rumskibet kommer ud af kurs og er dømt til at fortsætte rejsen ud i det tomme rum. Martinson skildrer gennem forskellige individers reaktioner, hvordan livet indtil døden former sig i Aniara.

Da jeg læste historien om Martinson første gang, kunne jeg mærke, at det er sand oplevelse. Martinson har haft en reel energioplevelse, en kontakt til Andromeda – energien, og derefter en kontakt til det rumskib, han kalder Aniara. Det er et rumskib, jeg selv har fået energetisk kontakt til, og jeg har kontakt til det feminine væsen ombord, Amonia.

For nogen kan dette lyde absurd, men det er ikke anderledes end kontakten med cellerne og atomerne i kroppen. Det er noget, der foregår i sjælsbevidstheden, det er en form for indre dialog. Det er magien i det multidimensionelle. Alt ligger gemt i det 12 – dimensionelle univers, også rumskibenes bevidsthed, som er skabt af højtstående væsner. Derfor kan vi forbinde os med dem, når vi selv udvider vores bevidsthed.

Du kan lege med at skabe kontakt til rumskibet på samme måde som ved dialog med atomerne i kroppen. Hvis du har haft kontakt med atomerne, kan du også skabe kontakt til Andromeda og til rumskibet.

Du kan lege med at skabe den indre kontakt, som først og fremmeste er noget energetisk, der sker i bevidstheden. Det er noget, der måske kan mærkes i kroppen.

Leg selv med det.
Du kan lade dig inspirere af denne øvelse.

Øvelse 4 Kontakt til rumskibet Aniara

1. Sæt dig godt til rette, slap af og tag nogle dybe indåndinger. Luk dine øjne og kom i en meditativ tilstand.

2. Læg den ene hånd på dit hjerte, mærk dit hjerte. Sid gerne et par minutter i denne tilstand.

3. Forbind dig indvendigt med rumskibet Aniara:
   Du kan forestille dig, at du ser Aniara for dig, eller du kan tænke på rumskibet ved at bruge ord som: "Jeg forbinder mig med rumskibet Aniara", eller lave en fantasi, hvor du er ombord på skibet. Du kan lege med det, som du synes.

4. Mærk, om der er billeder eller reaktioner i kroppen, eller om du får impulser til at sætte ord på en form for svar. Mange vil intet opleve, men der er skabt en forbindelse alligevel. Tro på det. Leg med fantasien.

Du kan slutte øvelsen her eller gå videre med nogle spørgsmål.

5. Du kan stille spørgsmål som disse:
    o   Er der nogen ombord på rumskibet?
    o   Må jeg få et tegn fra jer
    o   Kan vi tale sammen
    Eller du kan finde dit eget spørgsmål.

Hold pause mellem spørgsmålene, og mærk hele tiden efter, om kroppen reagerer.

Vi skal huske, at dette sker i de højere lag af sjælsbevidstheden, og at vi lige nu ikke behøver at bekymre os om, hvorvidt der findes et fysisk rumskib med dette navn. Det væsentlige er det eksistentielle: at skabe den energimæssige forbindelse. På den måde træner vi stadigt højere energitilstande som en vej til at opdage, hvem vi er.

Dette eksistentielle skridt sker lige nu ved at integrere energierne i sjælsuniverset. Her giver bevidsthedsmodellen os et sprog for energiniveauerne og en forståelse af sammenhængen mellem mikrokosmos, makrokosmos og evolutionen.

Men meget tyder på, at der en fysisk realitet ude i verdensrummet.

4.2   Fysiske Rumskibe

Interessen for UFO'er har været stigende siden 2020, i takt med at der er offentliggjort mange videoer og interviews om emnet. Det amerikanske forsvarsministerium har udgivet en stor rapport, der afslører, at amerikanske myndigheder har registreret flere tilfælde af flyvende objekter, som de simpelthen ikke kan forklare (Pentagon 2020).

I 2024 besøger fotograf og dokumentarist Lasse Rahbek byen Narsarsuaq i Sydgrønland sammen med Martin Kleist. De vil lave en dokumentar om et mystisk lysfænomen, som beboerne i bygden ser, når mørket falder på. Lysende kugler og sølvfarvede fartøjer bevæger sig på uforklarlig vis. Sådan har det været i mange år, nogle beretninger går tilbage til 1970erne (Rahbek og Kleist 2024).

Et Rumskib fra Arcturus

Jeg har selv modtaget en kommentar om rumskibe, om at tage emnet seriøst. Den fortæller, hvad kontakten kan betyde, og hvordan den kan opleves. Og der er en opfordring til samarbejde.

Det er en kanalisering fra min indre kontakt med rumskibet Arcturia. Kaptajnen er Imhotep, der var inkarneret som storvesir hos farao Zozer fra det 3. dynasti i det gamle Ægypten. Jeg var inkarneret på samme tid og sted, i Sakkara, det tempelområde, der blev opført med Imhotep som bygherre.

Kanalisering fra Imhotep

Dette skrift er skrevet som kanalisering fra et rumskib fra Arcturus, hvor jeg, Imhotep af Ægypten, er øverste åndelige leder og med i et arbejde, der handler om jordens betydning i det store kosmiske projekt om fred.

Vi understreger dette, fordi emnet er kosmisk kontakt og for at fortælle, at mange rumskibe netop nu har mærket et kald fra jorden i en vibration, der giver resonans. Det har dermed aktiveret energier, der reflekteres tilbage til jorden i overensstemmelse med kosmiske love om resonans, og det er denne lov-mæssighed, der nu sikrer et nyt skridt i jordens udvikling. Den bevidste kontakt til rumskibe.

Denne kontakt har været der i mange år, men er først nu ved at blive synlig i det kollektive rum som en naturlig proces i den kollektive bevidsthed.

Da energierne fra jorden nu reflekteres tilbage, åbner det for en energimæssig forbindelse, der kan opleves som kommunika-tion i stil med denne kanalisering eller som energioplevelser, eksempelvis:

o Som indre pres i kroppen
o Som billeder, der dukker op indvendigt
o Som drømme
o Som intuitioner om UFO'er
o eller andre lignende oplevelser.

Og det er her, vi gerne vil sige noget.

Du må melde ud, at I skal stole på sådanne oplevelser, at der faktisk foregår aktivitet omkring jorden, og at denne aktivitet er 100 % af hjælpende karakter og blot har ventet på det rette kald, dvs. et kald i så høj en vibration og af en sådan kraft, at der nu er åbnet for helt nye muligheder for de hjælpende ener-gier. Der er åbnet for en kanal, som én gang for alle tillader et samarbejde mellem menneskeheden og rumskibene.

Samarbejdet har mange udtryk og mange former. Den enkelte jordboer må følge sin vej og intuition, men nogle hovedtræk skal nævnes.

Først er der åbnet for en kanal, som tillader energierne fra rumskibene og deres beboere at passere ind i jordens felt og arbejde frit, uden menneskers indblanding. Dette foregår nu døgnet rundt og giver anledning til indre oplevelser hos mange, der herefter kan føle sig inspireret til at igangsætte de øvrige former for hjælpe- og samarbejde.

Nogle vil blive inspireret til at arbejde på nye måder uden at vide, hvor inspirationerne kommer fra. Sådan er det ofte i videnskab, kunst og opfinderi af enhver art.

Nogle vil opfatte energierne som det, de er, en refleksion eller et kald fra det ydre rum, og I vil da svare på den måde, den enkelte kan gøre det. Og skriftet her skal netop støtte den proces. Tro på det. Sig ja til disse energier, der presser sig på.

Det fremgår her, at kontakten til rumskibe sker, fordi bevidstheden på Jorden vokser i frekvens. Vi er mange, der er i samklang med avancerede væsener i rummet.

Vi skal også bemærke, at der bliver sagt, at vi ikke skal være bange. Der er stærke, hjælpende energier, som er interesserede i kontakten. Jeg tolker det sådan, at selv om ikke alle UFO'er er venligtsindede, vil de venligtsindede være i overtal, så vi ikke behøver at frygte noget. Generelt er det en udfordring på Jorden at lade os styre af tillid frem for frygt.

Vi bevæger os lige nu i det spændende felt om sammenhængen mellem indre og ydre virkelighed. Er den indre kontakt til rumskibe via den højere bevidsthed også et udtryk for en fysisk virkelighed?

Mine personlige oplevelser med Imhotep og med Aniara foregår i bevidstheden. Det beviser ikke, at Arcturia er et fysisk rumskib, men videoerne fra NASA viser netop, at rumskibe tilsyneladende kan bevæge sig ind og ud af det tredimensionelle univers. De ses det ene øjeblik ét sted på himlen og et øjeblik efter et andet sted. Beskeden fra Imhotep er klar. Den fortæller, at der foregår en kommunikation med et fysisk rumskib, og at han er derude.

Min kontakt til rumskibene foregår i den højere bevidsthed som eksempel på det magiske i bevidstheden. Det multidimensionelle aspekt udtrykker sin mangfoldighed. Vi har også set nye muligheder inden for sundhed, og snart vil vi se, hvordan vi bliver aktive medskabere af evolutionen. Vi er på vej til at erkende, at vi er en del af noget meget større.

Vi er tæt forbundet med hele universet. Der findes både åndelige og fysiske væsner derude, og kontakten til rumskibe vil blive tættere og tættere som årene går. I bevidsthedens sprog betyder det, at vi er på vej mod enhed, og det foregår ikke kun i bevidstheden.

Rejsen til Mars

Der er et tankevækkende sammenfald mellem Martinsons epos om Aniara og Elon Musks fortælling om rumfart. Aniara blev skrevet i 1950erne og foregår i et rumskib, der kommer på afveje på en rejse mod Mars i 2038. Elon Musk skriver i 2024, at hans selskab SpaceX vil sende et bemandet rumskib til Mars i 2028.

Hvis nogen på den baggrund har lyst til at kalde Aniara-digtet for en forudsigelse om en kommende rumskibskatastrofe, vil jeg være delvis enig. Men nej, ikke nødvendigvis, for forudsigelser kan være et sandt indblik i en virkelighed på et vist niveau i den højere bevidsthed. Men alt kan ændres fra et højere energiniveau. Med andre ord kan Martinson have set noget, der kan komme til at ske i 2038, men både tidspunkt og selve begivenheden kan være ændret siden da. Og kan fortsat ændres.

Den realitet, der kan ligge i Martinsons epos, kan efterfølgende ændres af de mange, som arbejder for fred i universet med den højeste bevidsthed. Vi er ved at skabe en ny og anderledes fremtid på Jorden, og pointen i trilogien er, at det stærkeste redskab hertil er den indre forening med den højeste bevidsthed. Det er en bevægelse i det enkelte menneske, og det er en proces mod en sammensmeltning af ånd og stof.

Med dette forlader vi rumrejserne og rumskibene for at vende tilbage til ascensionprocessen. Det bliver ikke mindre magisk, for vi træder ind i en verden, hvor den logiske tænkemåde bliver udfordret af den magi, der er kendt fra kvantefysikken.

Kapitel 5

DET GRUNDLÆGGENDE PRINCIP ER
AT KLASSISK FYSIK ER EN SYMBOLSK
AFSPEJLING AF EN KVANTEVIRKELIGHED
Andrew Winkler
Former Professor at Columbia University

OG KVANTEVIRKELIGHEDEN ER
EN SYMBOLSK AFSPEJLING AF
BEVIDSTHEDSVIRKELIGHEDEN
Jørgen Finnemann

5   De Magiske Lag i Bevidstheden

Vi skal i dette kapitel se, hvordan ascensionprocessen kan udfolde sig i de højeste lag af sjælsbevidstheden. Eller man kunne sige, når vi arbejder os ind i kroppens dybeste lag. Vi bevæger os ind og møder elektronernes virkelighed, og vi trænger endnu dybere ind i det tilhørende kvantefelt og til de magiske quarks, der udgør bestanddelene i protonerne og neutronerne i atomkernerne.

Jeg minder om rejsens tre hovedspor. Vi følger to røde tråde om sundhed og skabelse, og samtidig handler ascensionprocesserne ikke mindst om den tredje tråd, det eksistentielle aspekt. Rejsens essens er, at vi kommer dybere og dybere ind i os selv, og det opnår vi ved at integrere større og større dele af sjælsuniverset. Det er vejen til indre ro og glæde, og det skaber et stadigt dybere fundament for vores liv.

5.1 Kvantevirkeligheden

Elektronerne er forunderlige. Nogle gange optræder de som partikler og andre gange som bølger. Vi møder dem i 10 d, hvor vi er trådt ind i kvantefysikkens område, og vi kan lære noget om den højere bevidsthed ved at se på mønstrene i kvantefysikken, ikke mindst kvantefeltteorierne.

I det næste lag kommer vi i kontakt med plasmaelementet og kvantefelternes virkelighed. Her sker der en opløsning af det personlige aspekt, på samme måde som stærene må opleve det i sort sol. Vi har fortsat en identitet ligesom den enkelte stær, men vi bliver knyttet ind til noget større, til noget fælles. Dette eksistentielle skifte i kvantelagene vender vi gang på gang tilbage til.

I dette elvte lag møder vi også muligheden for at komme i kontakt med en dybere form for vejledning. Det er en indre vejledning, som er knyttet til åndsuniverset. Det er en vejledning, som hverken er kroppens, cellernes eller atomernes visdom, men et universelt visdomslag, vi kan åbne for. Det vender vi tilbage til med øvelse 5 om et øjeblik.

Vi kan få et indblik i de meget forskellige aspekter af denne kvante-
verden ved at se på de tre tråde i den magiske trekant.

Energitråden

I det øjeblik, vi forbinder os til 10, 11 og 12 d, skaber vi en kontakt,
som aktiverer energien i disse dybeste lag i kroppen. Det er stærke
energier, der har stor betydning for vores sundhed og helbredelse.
Dette aspekt følger jeg op i kapitlerne 10 og 11 med en omtale af
overgivelsens natur og helbredende kraft. Her kommer vi til at tale
om kræft, og jeg præsenterer et bud på kræftens gåde.

Indre Vejledning

Bevidsthedstråden viser sig ved åbningen til det indre vejlederni-
veau. Alle mennesker har indre vejledere, vi kan skabe kontakt til.
Det kan være åndelige mestre eller diskarnerede personligheder
som Kristus og Martinus eller mestre, der er knyttet til andre stjer-
nesystemer. De er omkring os, og vi kan forbinde os med dem ved
at forbinde os til 11 d.

Når vi først kommer i kontakt med en indre vejleder, er det muligt
at etablere en fast kontakt og blive vejledt om alle personlige forhold
i livet. Ikke mindst om den proces, vi taler om lige nu, hvor vi er
ved at integrere sjælsuniverset, og hvor vi senere vil bevæge os ud
over det.

Øvelse 5 Mød din indre vejleder

Denne øvelse forudsætter ikke, at du har udført de forrige øvelser. Den kæver kun den dybe overgivelse, der ligger i at sige ja til, at det er muligt at få kontakt til en indre vejleder.

Senere omtaler jeg komikeren Casper Christensen og hans møde med sin indre vejleder, som brød igennem trods hans skepsis. Han havde oplevet et indre kald, som han havde svært ved at tro på, men som han i sidste ende overgav sig til.

Øvelsen:

1. Sæt dig godt til rette, slap af og tag nogle dybe indåndinger. Luk dine øjne og kom i en meditativ tilstand.

2 Mærk nu dit hjerte, du kan lægge din venstre modtagende hånd på dit fysiske hjerte. Synk ind i dig selv og forbind dig med et universelt felt af fred eller kærlighed eller en anden universel følelse. Du kan f. eks sige
    "jeg forbinder mig det med universelle felt
    af kærlighed"
    Lad det arbejde i kroppen.

3 Ud af dette felt kan der træde en hjælpende skikkelse, en indre vejleder. At tro på det er en form for overgivelse.
    Du kan nu spørge indvendigt i dig selv:
    "Er her nogen, jeg kan tale med?"
    Eller
    "Er min indre vejleder her?"

    Kan du mærke et svar?

Stol på enhver form for fornemmelse. Vi har forskellige sanser og nogen kan komme i direkte dialog med en indre vejleder på denne måde. Andre mærker lidt kropsligt og svar kan også vise dig i drømme den efterfølgende nat.

Metaniveauet

Det er den overordnede vejledning, der kommer til at fungere som metaniveau. Den åndelige verden får en ny realitet med nye perspektiver på vores liv. Først kommer det perspektiv, der ligger i at få kontakt til et vejlederniveau, men også de perspektiver, der vil følge af denne kontakt. Det kan være livsforandrende, som det er blevet det for Casper Christensen. Vi kan få vejledning om alt, fra de mindste dagligdags gøremål til de største eksistentielle spørgsmål. Denne trilogi er skabt ud af en sådan kontakt.

Kvantefysikkens filosofi

Sanserejserne har fra starten placeres elektronerne i 10 d, og det betyder, at vi forlader den klassiske fysiks tankegang, hvor virkeligheden består af stof, der er bygget af faste partikler.

Vi er trådt ind i kvanteverdenen, hvor det er kvantefysik og kvantefeltteorierne, der gælder, og vi kan derfor få en forståelse af vores virkelighed i disse bevidsthedslag ved at se på nogle hovedtræk i kvantefysikken. Men vær rolig, der kommer ingen ligninger, kun fortællinger og fortolkninger.

Fysikkens bidrag er af filosofisk og eksistentiel karakter. Der er to hovedpointer:

- Elektronernes opførsel viser os, at vi nogle gange må slippe partikelforståelsen og tænke i bølger, og

- Kvantefeltteorierne går skridtet videre og fortæller os, at det egentlige grundstof i universet ikke er partikler, men felter, de såkaldte kvantefelter, som strækker sig i det uendelige.

Forskellen på partikler og felter er vigtig. En partikel er til stede i et punkt. Et felt er tilstede overalt, som tyngdefeltet og de elektriske felter, og som bevidsthedsfeltet, Enhedsfeltet, Enheden.

Kvantefeltet ændrer verdensbilledet

I kvantefeltteorierne er det centrale, at felter er det fundamentale. Hver eneste elementarpartikel, som en elektron, er skabt af et tilhørende kvantefelt. Alle elektroner i universet stammer fra ét eneste kvantefelt, der gennemtrænger hele universet. Kvantefeltet er det egentlige, og ud af kvantefeltet skabes i første omgang det, som fysikerne kalder kvanter.

Det er disse energikvanter, der viser sig som bølger eller partikler, afhængigt af hvordan vi observerer dem.

I det berømte dobbeltspalteforsøg former vi elektronernes virkelighed ved at justere spaltebredden. Vælger vi en stor spalte-bredde, viser de sig som partikler, og vælger vi en mindre spaltebredde, fremtræder de som bølger (se Kvantekarina 2018).

Det er denne virkelighed, der gemmer sig i mikrokosmos og i vores sjælsunivers, som jeg har udforsket gennem sanserejserne. Og det er denne virkelighed, vi skal udfolde yderligere gennem trilogien.

Hvad betyder det for vores arbejde med sundhed? Og hvad betyder det for vores forståelse af os selv og livet? Det virker, som om alt går i opløsning, når vi ikke længere kan tænke i partikler, men i stedet skal tænke i felter.

Det er radikalt nyt at tænke på felter som det egentlige. Alligevel udgør det essensen af udviklingen inden for moderne fysik gennem de sidste 100 år. Det er den naturvidenskab, som vores samfund læner sig op ad som sandhed, men endnu ikke har draget den fulde konsekvens af.

Vi skal forfølge tankegangen for at forstå det univers, vi er en del af, hvad enten vi tænker på det fysiske univers eller bevidsthedsuniverset.

Feltforståelsen åbner for en sammensmeltning af videnskab og spiritualitet

Feltforståelsen er en nøgle til et nyt og mere omfattende verdensbillede, der bygger på bevidsthed

Feltforståelsen er nøglen til at forstå, at alt hænger sammen. Stærene i en stæreflok, menneske og natur, ånd og stof.

Det afgørende skridt er, at alt har bevidsthed, sådan som jeg har oplevet det i sanserejserne. Der findes intet i universet, vi ikke kan kontakte i bevidstheden, hvad enten vi taler om det ydre univers eller vores indre univers.

Hovedtesen i trilogiens næste bind er som tidligere nævnt, at alt er bevidsthed. Det er fundamentet i Det Nye Univers. Kroppen, cellerne, stjernerne, kvantefelterne – det hele er bevidsthedsfelter.

I Det Nye Univers er bevidsthed det grundlæggende element. Bevidsthed er grundstoffet, som ikke kan forklares, og som alt andet forklares ud fra. Når vi erkender, at kvantefelterne er bevidsthed, tager vi det afgørende skridt mod foreningen af de to verdensbilleder: det naturvidenskabelige og det spirituelle. Vi vender tilbage til dette i kapitel 9 om videnskab og spiritualitet. Og bind 2 udfolder det nye verdensbillede, hvor naturvidenskaben udgør en mindre del af et større verdensbillede.

Sundhed

Her skal vi se, hvad feltforståelsen betyder for vores arbejde med sundhed. Vi skal se, at denne forståelse er vigtig, når vi vil forstå, hvordan de højeste lag af bevidstheden fungerer som en del af kroppens selvhelbredende kræfter.

Jeg vil tale konkret om healing, selvhealing og fjernhealing. Her er fjernhealing et smukt eksempel på, hvordan feltforståelsen forklarer virkningen, endda i et enkelt sprog.

Fjernhealing

Jeg har arbejdet med fjernhealing i mange år sammen med en lille gruppe, en dansk Flower of Life Gruppe og har mange smukke beretninger om den positive virkning. Som denne lille historie om en 4–årig autistisk dreng.

Moderen fortalte os, at drengen danser hver onsdag formiddag, når der er fjernhealing. Og de boede 150 km borte. I vores forståelse kom drengen i kontakt med dybere lag i sig selv - med sin essens. Intet er større og intet er vigtigere i livet. Det var rørende at høre.

I de første år med fjernhealing talte vi om, at vi sendte healing til modtagerne. Men vi fandt ud af, at sådan hænger det ikke sammen. Vi sender intet.

Vi begyndte at tale om felter. Vi talte om, hvordan vi opbygger et fjernhealingsfelt som et felt, der er uendeligt i tid og rum, på samme måde som kvantefelterne er det. At det sker, ved at vi forbinder os med universelle felter, der har en skabende og healende kraft. Disse felter kan have mange navne, som enhedsfeltet eller kilden, og i bind 2 møder vi universelle felter som Grace, Fred og Kærlighed.

Healingsfeltet er under stadig udvikling så længe vi, der arbejder med fjernhealingen, udvider vores bevidsthed i vores personlige indre arbejde. Fjernhealingsfeltet er der hele tiden, som et bevidsthedsfelt, der er ubegrænset i tid og rum, og det er tilgængeligt for alle.

Fjernhealingsfeltet er forbindelsen mellem fjernhealingsgruppen og modtageren. Feltet er broen. Det eneste, der er nødvendigt for at fjernhealingen kan virke, er at modtageren kobler sig til feltet og dermed aktiverer healingsenergien.

Modtageren kan selv forbinde sig med feltet, hvis han eller hun er vant til at arbejde med energi, eller blot siger ja til det. Alternativt kan fjernhealingsgruppen skabe forbindelsen.

Healing

Healing kan forklares på samme måde. Healeren arbejder med et healingsfelt, som healeren har opbygget gennem sit virke og forbinder sig med for at starte processen.

Dette healingsfelt kan healeren med sin intention bringe i forbindelse med modtageren, og det virker øjeblikkeligt i de dybeste lag. Derefter kan healeren eventuelt arbejde med hænderne i auraen for at integrere den dybe energi i de lag, der er tættere på det fysiske, som det eteriske og astrale felt.

Når vi arbejder i høje niveauer som 10, 11, 12 d, taler jeg hele tiden om felter. Det er ikke et valg. Det er en nødvendighed, for det er sådan, virkeligheden er skruet sammen. Vi skal tale meget mere om disse felter.

5.2 Opløsningen af det personlige

Vi skal se nærmere på egenskaberne ved kvantefelterne og plasmaelementet i 11 d. Her møder vi nye aspekter af skabelsens natur og finder egenskaber ved bevidstheden, der gør os i stand til at arbejde på helt nye måder med sundhed og samskabelse.

Vi vil få en dybere forståelse af livet på jorden. Vi bliver bragt ud over det personlige og indser, hvordan vi hænger sammen med hinanden, med naturen og med kloden. Det er forståelsen af de høje niveauers virkelighed, der åbner for en forståelse af altings sammenhæng.

Det er vores energimæssige og bevidsthedsmæssige forbindelse til disse høje bevidsthedslag, der for alvor vil realisere Det Nye Univers. Begrebet skabelse og samskabelse får en ny betydning, også at vi bliver medskabere af livet på jorden på helt nye måder.

Plasma

I fysikken er plasma kendt som den fjerde tilstandsform. Vi taler om fast, flydende og luftformigt stof, og endelig kan stof eksistere i en højenergetisk plasmatilstand, vi ikke møder i dagligdagen. Det indre af solen er et plasma. I universets tidligste fase har hele universet været et plasma. Her er temperaturen så høj, at stoffet er splittet op i atomkerner og frie elektroner, og det hele hænger sammen som en tyktflydende masse.

På sanserejserne mødte jeg plasma som en bevidsthedstilstand i 11 D. Det er så høj en vibration, at vi ikke taler om den fysiske plasmatilstand, men om et bevidsthedsfelt, der ligger bag ved eller inde i det fysiske plasma. Jeg kalder det for plasmafelt og plasmaelement, hvor element skal forstås på samme måde, som vi kender de fire elementer, jord, vand, ild og luft.

Elementerne er bevidsthedsfelter, som gennemtrænger alt, og hvert element rummer særlige kvaliteter. Eksempelvis rummer vandelementet det flydende, det bevægelige, og det viser sig som vand og som følelser, sådan som det kendes fra drømmeanalyse.

Ildelementet rummer det fortærende, det transformerende, det lutrende, det som får leret til at størkne, men også som vores indre ild, den ild og livskraft, jeg omtalte i afsnittet om mundbrand.

At sygdommen mundbrand handlede om at få min indre ild ud på en ny måde. Hvert element rummer således en række indre kvaliteter.

I næste bind vil jeg omtale syv elementer, som medvirker til, at menneskeheden kan forbinde sig dybere med nye åndelige energier.

Intention

Hvilke kvaliteter og egenskaber har plasmaelementet?

Plasmafeltet gennemtrænger alt i universet. Og den første vigtige egenskab ved plasma er, at vi kan påvirke plasmafeltet med den højere bevidsthed. Plasmafeltet er et bevidsthedsfelt, og vi kan træne en bevidst kontakt med det.

Plasma følger intention. Når vi er forbundet med plasmafeltet, kan vi give det retning ved at tænke på det. Vi kan forbinde det til et-hvert sted i kroppen og på denne måde udnytte de høje energiers helende kraft. Vi kan kode det med en positiv intention eller lade feltet arbejde frit, uden anden intention, end at det bedste må ske. Det sætter os  i stand til at arbejde med vores sundhed på et dybt plan. Det er en af nøglerne til bevidsthedshospitalet.

Det betyder på den anden side, at når vi først er forbundet til plasmaelementet, skal vi være omhyggelige med vores tanker.

Plasmaelementet følger vores ord og tanker, både ind i kroppen og i det ydre liv. Alt hvad vi siger og tænker, bliver opfattes af vore celler og af verden omkring os. Vores tanker bliver skabende på en helt ny og meget konkret måde.

Når vi forbinder os med plasmaelementet, er det en proces, som går ind og arbejder i os. Det er en del af den integrationsproces, vi har kaldt ascension, vores fortsatte integrationen af sjælsuniverset. Vi er ved at integrere 11 d.

Når vi er i kontakt med plasmaelementet, kan vi vælge at slippe enhver form for intention og give slip på personlige ønsker. På den måde kan vi overgive os til at følge den højere bevidsthed, som det skete i sanserejserne. Vi mærker, hvad energien vil, samtidig med at vi lader den arbejde frit. Det er skabelse og healing på en gang.

Plasma er et grundelement i udformningen af universet, og det er forbundet til livskraften fra Kilden og har derfor stærke healende egenskaber, som vi kan bruge på os selv og andre.

Selvhealing

Det er enkelt at bruge plasma til selvhealing, når vi først har lært at forbinde os til elementet. Den forbindelse aktiverer healingskraften, og det healer os selv indefra. Samtidig er det som nævnt en del af vores eksistentielle udvikling.

Du kan selv eksperimentere med det. Du kan forestille dig, at du forbinder dig til plasma eller plasmaelementet og til Kilden, Ånden, livskraften og lade energien arbejde frit.

Du kan også lege med det ved at bruge denne øvelse som guide. Her styrer du lidt ved selv at bestemme, hvor healingskraften skal søge hen.

Øvelse 6 Selvhealing med plasmaelementet

1. Sæt dig godt til rette, tag et par dybe indåndinger og forbind dig med Kilden, Mahatma, Grace eller hvad du vil kalde det højeste.
   Sid i dette et par minutter

2. Forbind dig med plasma eller plasmaelementet. Du behøver blot at tænke på ordet, så er du forbundet, uanset om du mærker noget eller ej. Du kan også benytte sætninger som "jeg forbinder mig til plasmaelementet" eller "jeg er plasma-elementet".

3. Tænk på et af de svage steder i din krop. Tænk positivt om, at en healingskraft nu finer vej til dette sted i din krop.

4. Mærk energien i kroppen, eller sid stille et par minutter. Slip tankerne

5. Sig til dig selv noget i retning af dette:
   o Jeg åbner mig for de helende energier/for livskraften/for de plasmatiske kræfter
   o Min krop siger ja healing
   o Mine celler siger ja til healing
   o Mine xxx siger ja til healing (hvor xxx er det svage sted i kroppen, du har valgt)

6. Slap af i kroppen, også de steder, hvor energien arbejder

7. Afslut øvelsen med at sige tak for healingen.

Du kan springe pkt. 3 over og lade energien finde sin egen vej. Vi kender selv til svage steder i kroppen, men de helende energier har et større perspektiv. De reparerer ikke kun de svage steder, de er forbundet til universets skabende kræfter, og deres arbejde inde i os er også en rekalibrering af vores krop og hele energisystem.

Sort Sol

Plasma har en særlig egenskab, som jeg bedst kan illustrere med stæreflokkene i sort sol. Hvert efterår, når stærene samles i marsken for at trække sydpå, kan man opleve et fantastisk syn.

Om aftenen tegner store flokke af stære fascinerende mønstre på himlen. Det er magisk at følge.

Figur 6
Stærene samler sig i efteråret

Billedet giver et indtryk, men hvis du aldrig har set det, skulle du opleve fænomenet på video. Youtube har mange optagelser, det er blot at søge på sort sol.

I plasmatilstanden optræder stof som en sammenhængende enhed, hvad enten vi taler om stæreflokken, det indre af solen eller universet lige efter fødslen. Den enkelte stær har sluppet sin individualitet, og stærene optræder synkront som en samlet flok, som en enhed, som om de er bundet ind til et fælles energifelt.

Og det er netop, hvad de er, og det er denne særlige egenskab, der er knyttet til plasmafeltet. Stærene mærker den plasmatiske energi, de er en del af denne energi eller bedre: denne energi er en del af hver eneste stær, og den plasmatiske energi har en indbygget sammenhængskraft. Derfor udgør stærene et samlet felt og handler synkront.

Et blodplasma og solens indre har den samme egenskab. Det er en grundlæggende egenskab ved plasma.

Og det handler også om os. Dybt inde i os selv er vi forbundet til plasmaelementet. Det er her, vi er forbundet til hinanden, til naturen og til universet. Det uddyber jeg i næste kapitel om Enhed.

Kvantefelter – kilden til stof

Inden vi når så langt, skal vi se, at sammenhængskraften ikke kun er en egenskab ved plasma. Det er en egenskab, der er knyttet til bevidstheden i 11. lag. Her hænger vi sammen. Det forstår vi, når vi vender os mod mikrokosmos og finder det samme mønster. Vi møder ikke blot elementarpartiklerne, nej vi møder deres ophav, kvantefelterne. Dermed finder vi et mønster, der minder om stæreflokken. At det egentlige ikke er partiklen, den enkelte stær eller det enkelte individ. Det egentlige er kvantefelterne, som er uendelige i tid og rum.

Kvantefeltteorierne fortæller os, at partikler ikke er årsag til kvantefelterne. Det er omvendt. Det er kvantefelterne, der er årsag til skabelsen af elementarpartiklerne. Det fundamentale er feltet, det fælles aspekt, det kollektive – som hos stærene. Alt hænger sammen som et uendeligt felt.

Elektronerne

Lad os se, hvordan det ser ud i elektronernes verden. Kvantefeltteorierne fortæller, at alle elektroner i universet er skabt ud af ét eneste kvantefelt, elektronfeltet, der er uendeligt i tid og rum. Det er dette felt, der er elektronens egentlige eksistens. Når jeg taler om at forbinde os med elektronerne, er det dette felt, vi forbinder os med. Det er elektronernes kvantefelt, en fælles bevidsthed, deres egentlige identitet som et uendeligt felt.

Elektronernes kvantefelt er ikke det elektromagnetiske felt. Det elektromagnetiske felt manifesterer sig som fotoner, altså lyspartikler, alt det lys, vi oplever fra solen. Det betyder, at det elektromagnetiske felt er kvantefelt for lys.

Kvantefelterne er energifelter, som ikke forklares yderligere i naturvidenskaben. De er en del af de matematiske ligninger. Kvantefelterne er det grundlæggende, som ikke forklares ud fra noget andet. Dem vender vi tilbage til i kapitlet om sammensmeltningen mellem naturvidenskab og spiritualitet.

Denne bog tilføjer et nyt perspektiv til det naturvidenskabelige. Kvantefelterne har bevidsthed. Det er en konsekvens af sanserejserne, hvor jeg forbinder mig med deres bevidsthed. I kapitel 9 om videnskab og spiritualitet løfter jeg dette perspektiv og begrunder, at kvantefelterne er bevidsthedsfelter. Og det er udgangspunktet for bind 2, "Den vi er".

Det er værd at understrege, at vi også taler om os selv. Vi beskæftiger os med en indre verden, hvor kvantefelterne udgør en del af vores højere bevidsthed.

I den højere bevidsthed er vi knyttet til 11 d med de mange egenskaber, der er beskrevet i dette kapitel. Det er interessant, at i dette høje bevidsthedslag er vores individualitet sekundær i forhold til det kollektive aspekt.

Vi har individualitet ligesom stærene i sort sol, men på dette bevidsthedsniveau er den trådt i baggrunden, og vi er forbundet til en fælles bevidsthed. Det gælder for os alle, og vi mærker det i større eller mindre grad. Som jeg også skrev i afsnittet om plasma: Det er her, vi er forbundet til hinanden, til naturen og til universet.

Partikelforståelsen er en forenkling, vi bruger, fordi vi er vant til at tænke i individualitet, i stof, i partikler, frem for at tænke kollektivt, i mønstre, i felter. Virkelighedens grundlæggende natur er skabende felter, der vekselvirker med hinanden og skaber partikler gennem resonans. Det sker på samme måde, som stoffet blev skabt i de første mikrosekunder efter Big Bang.

Feltforståelsen har betydning for vores tankegang. Feltforståelsen svarer til at tænke i mønstre. Der er mønstre i den måde, universet er skabt, og de mønstre ligger gemt som egenskaber ved bevidstheden.

I bind 2 ser vi på tre vigtige egenskaber ved bevidstheden: den er multidimensionel, fraktal og holografisk. De egenskaber giver hver især et perspektiv på livet. Det holografiske er netop udtryk for, at der er mønstre, der spejler sig ned gennem lagene i bevidstheden.

Her skal vi være mere konkrete og se eksempler på, hvad det betyder at tænke i mønstre.

At tænke i Mønstre

Når politikere og andre taler om at formidle en fortælling, er det netop et mønster, de vil formidle - noget sammenhængende, en fortælling vi kan leve os ind i.

Omvendt kan det give mening at lede efter den fortælling, der kan ligge bag de udtalte ord. Vi finder sammenhæng i de mange detaljer ved at finde et mønster, en fortælling.

Ofte kræver det, at man kan læse mellem linjerne og lytte til det, der gemmer sig bag det sagte. På denne måde kan man afdække et underliggende mønster. Og disse mønstre kan være meget forskelligartede.

At tænke kapitalistisk

At tænke kapitalistisk er et mønster, der ofte viser sig, fordi vi er vokset op med det. Dette mønster viser sit ansigt hver eneste dag og er et grundlæggende træk ved konkurrencesamfundet.

At tænke holistisk

At tænke holistisk er et andet mønster. Det handler om at tænke i krop, sjæl og ånd eller i enhed - i al tings sammenhæng.

At appellere til den kollektive angst

At appellere til den kollektive angst er et tredje mønster. Angst eksisterer som et kollektivt felt, der næres hver gang, nogen appellerer til den. Dette udnyttede Mette Frederiksen under coronakrisen, og hun anvender det fortsat i sin politiske strategi. Medierne anvender det, når de bringer skrækhistorier.

Mønstre i Politik

Når mange taler om Donald Trumps karaktertræk, er det en partikelforståelse, som politisk set ikke er særlig interessant.

En feltforståelse af hans personlighed er at se, om hans handlemønstre tydeliggør nogle generelle politiske tendenser verden over:

- o Hvor er løgnen en del af det politiske spil
- o Er politik blevet til et show verden over
- o Handler politik mere om selvpromovering end om at løse problemer
- o Er politikere ligeglade med den voksende ulighed? Eller er de magtesløse?

De fire spørgsmål er åbent diskuteret i radioen i forhold til dansk politik.

Sundhed – Samskabelse - Eksistens

Det vigtige i dette kapitel har været at understrege, at vi i 10, 11 og 12 d er trådt ind i et kvante-univers, hvor de klassiske, intuitivt forståelige love med årsag-virkning og lineær tankegang er sat ud af spillet. Partikler er erstattet af felter, det personlige er erstattet af det kollektive, og vores normale lineære tankegang erstattes af at tænke i mønstre og magi.

Vi må åbne os for det ulogiske, det uforståelige, det magiske for at forstå livet på nye måder. Vi må erkende med Niels Bohr: "Vi er ikke adskilte fra det, vi observerer". Vi er en del af helheden, vi hænger sammen med alt, og vi påvirker helheden med vores tilstedeværelse. Eller som jeg sagde det før: Vi har sluppet vores individualitet og er i disse lag tæt forbundet til et fælles bevidsthedsfelt, hvad enten vi kalder det for kvantefelt eller plasmaelement.

Og hvad betyder det for vores tre spor, sundhed, skabelse og det eksistentielle?

Healing

Når jeg er inde i sanserejserne, er det ikke blot min højere bevidsthed, jeg studerer og integrerer. Jeg oplever, at det er en bevidsthed, der smelter mere og mere sammen op gennem bevidsthedslagene.

Denne rejse op gennem lagene hedder op, fordi det er opad i frekvens og opad på modellen i figur 1. Det svarer til, at jeg arbejder mig dybere og dybere ind i mikrokosmos, ind i cellerne og atomerne til jeg på kvanteniveau opdager, at det er et sammenhængende felt, kvantefeltet.

Alle andre, der foretager denne rejse, kommer ind til det samme felt. Det er ikke længere dit felt eller mit felt. Det er et fælles felt, som vi hver for sig kan sanse med vores mange sanser.

Sagt med andre ord er mine sanserejser mineundersøgelser af en fælles bevidsthed, og jeg påvirker den med min tilstedeværelse.

Det samme gælder, når vi arbejder med healing. Jeg skrev tidlige-re om selvhealing, at vi healer os selv i øvelsen "selvhealing med plas-maelementet", men det er mere end det. Når vi forbinder os til kvanteniveauerne, er det en personlig selvhealing, men samtidig er det healing af det kollektive bevidsthedsfelt.

Det betyder også, at efterhånden som vi bliver tættere forbundet til disse høje energier, bliver det personlige aspekt af healing mindre betydningsfuldt. I stedet får vi mere fokus på at heale menneskehe-den, kloden og hele universet.

Samskabelse

Vores forbindelse til det fælles bevidsthedsfelt rækker videre end healing. Den har betydning for vores muligheder for at nyskabe li-vet på jorden. Med plasmaelementet og kvanteniveauet i 11 d er vi forbundet til universets skabelseskræfter.

Vi er dermed blevet en aktiv del af skabelsen på et nyt niveau – vi er blevet til en bevidst del af evolutionen. Vi er trådt ind i et univers af skabende felter, vi kan forbinde os med. På den måde bidrager vi til skabelsen gennem det, vi kalder Samskabelse eller co-creation, dvs. at vi træder ind og skaber sammen med universets skabende kræfter. Vi går hermed i samarbejde med de guddommelige kræfter i universet. Hvordan vi kan gøre det i praksis, vender jeg tilbage til i kapitel 8.

Tolvte Lag og Intetheden

Inden vi vender os mod det eksistentielle spor, skal vi se på det højeste lag i sjælsbevidstheden, 12 d. Her når vi en grænse, jeg har udforsket.

I modellen ser vi det som grænsen for den fysiske eksistens, hvad enten vi taler om mikrokosmos med the quarks, eller vi taler om makrokosmos med Big Bang. Og vi bemærker også, at mikrokosmos og makrokosmos mødes og smelter sammen.

Denne sammensmeltning er både dramatisk og eksistentiel. Den blev markeret med en lille cirkel foroven i modellen for at vise, at universet er åbent.

I et naturvidenskabeligt perspektiv handler sammensmeltningen om, at sådan var det ved universets fødsel. Mikrokosmos og makrokosmos var ét. Det hele var en suppe af plasma, bestående af elementarpartikler.

Naturvidenskaben har ingen teorier om, hvordan universet er skabt. Hvad er Big Bang? Hvor kommer al den energi fra, og hvad skabte Big Bang? Man kan til gengæld fortælle meget om tiden lige efter, herunder at quarks blev skabt umiddelbart efter Big Bang.

I bevidsthedens perspektiv handler sammensmeltningen om, at alt er ét, at her hænger alt sammen, og at vi transcenderer vores sjælsunivers. Vi træder ud i Intetheden, hvor der er en åbning mod parallelle universer og mod åndsuniverset. Jeg har bevæget mig i disse områder af bevidstheden og beskrevet det i digtsamlingen *Magien i Intetheden*, der indeholder 12 metamorfoser (Finnemann 2020).

Bevidstheden har ikke den fysiske verdens begrænsninger og den omfatter langt mere end sjælsuniverset. Bevidstheden omfatter parallelle universer og åndsuniverset, som i næste bog er smeltet sammen med sjælsuniverset til én skabende bevidsthed.

Her skal vi undersøge, hvad den oprindelige resonans mellem quarks og åndsuniverset betyder. Hvad betyder det, at universet er åbent? Og hvad betyder denne forbindelse mellem sjæl og ånd?

5.3 Det åbne univers

Det åbne univers har en eksistentiel betydning for hvem, vi er. Ja, det er årsagen til, at vi er her. Uden denne åbne forbindelse ville der ikke findes et fysisk univers med stjerner og galakser eller en jordklode med mennesker.

Det er forbindelsen mellem sjælsbevidstheden og åndsbevidstheden, der giver liv, livskraft og energi til sjælsniveauet og til det fysiske liv. Uden åndskraft ville der være ingenting. Absolut ingenting. Og der ville ikke være nogen til at opdage det.

Åndsbevidstheden rummer den skabende kraft, Gudskraften, Kilden. Det er en levende kraft, der bor i os alle. Det er vores livskraft, en del af den, vi er. Vi vil tale meget mere om den i bind 2, og her taler vi om dens betydning i forhold til sjælsbevidstheden.

Menneskeheden har levet i en falsk forestilling om at vi lever i et lukket univers. Naturvidenskaben kan kun udtale sig om det, der skete og sker efter Big Bang, og der er lukket af til Gud som en indre kilde i os selv, og der er lukket af til, at der findes andre former for energikilder som fri energi.

Den tolv-dimensionelle bevidsthed er en kosmisk bevidsthed, men den er uden livskraft, hvis det ikke var for åndsenergien eller åndsbevidstheden, som eksisterer uden for tid og rum og rummer skabelsens kilde. Den rækker ud over sjælsbevidstheden, men gennemtrænger den og beliver den overalt, hvor der er resonans. Det var en sådan resonans, jeg oplevede i den første sanserejse:

> Vi bevæger os det sidste stykke ud i det mystiske tomrum fra quasarerne til Big bang, åbner for Mahatma-energien, energien går i resonans med the quarks i kroppen.

Det er denne forbindelse til åndsuniverset, som beliver universet. Men er det det rigtigt?

Inden jeg går videre, vil jeg gentage mig selv:
Det er min sandhed, og det er kroppen, der er mit sandhedsvidne.
Men er det sandt for andre?

Kan vi forklare det hele ud fra, at alt er bevidsthed?
Findes denne ene bevidsthed?
Findes der en Kilde?
Findes Gud?

Er det Sandt

En del af svaret er, at mange har samme oplevelse af bevidsthed som den fundamentale egenskab ved universet. Jeg begrunder i kapitel 9, at det også er en egenskab ved kvantefelterne.

Der er skrevet utallige bøger om emnet, og jeg vil jeg anbefale Eskild Tjalves bog "Enhed", som har mange eksempler på, hvordan vi kan bruge denne egenskab i praksis (Tjalve 2020).

Joe Dispenza arbejder også ud fra filosofien om den højere bevidstheds helende kraft. Hans bog *Becoming Supernatural* illustrerer, hvordan vi kan overskride vores begrænsninger og leve ud fra en højere bevidsthedstilstand. Han viser, hvordan kroppen og den højere bevidsthed smelter sammen i en helhed, og hvordan vi kan skabe mirakuløse forandringer (Dispenza 2025).

Endelig beskæftiger flere videnskabelige og filosofiske sig med emnet. Biocentrismen er en af dem og panpsykismen en anden.

Biocentrismen

Forfatteren Ib Michael fik i 2022 en blodprop i hjernen. Det ødelagde hans sprog, splintrede hans hukommelse og lammede den ene side af kroppen.

I sin nyeste bog "Fra den anden side af Solskinnet" skriver han, at det er som om biocentrismen direkte giver ham en fremstrakt hånd. Den taler lige ind i noget, der vågner i ham. Liv og bevidsthed. (Michael 2024).

Biocentrismen siger ifølge biologen Robert Lanza direkte, at bevidsthed skaber det materielle univers og ikke omvendt. Bevidstheden eksisterer uden for rummets og tidens grænser, og en kosmisk intelligens kom før materien.

Panpsykismen

Panpsykisme er en filosofisk teori, der postulerer, at bevidsthed er en fundamental egenskab ved universet. Ifølge panpsykismen har alle ting og fænomener en form for bevidsthed, uanset om de er levende eller ikke-levende. Dette betyder, at alt fra mennesker og dyr til planter, sten og selv atomer har en form for bevidsthed.

Nogle af de mest kendte filosoffer inden for panpsykisme inkluderer Alfred North Whitehead, David Chalmers og Galen Strawson.

Fjernhealingen

På tættere hold har jeg genoplevet resonansen mellem ånd og stof i en gruppefjernhealing. Da jeg fortalte det i gruppen, fortalte flere, at de havde oplevet det samme. De havde ikke de samme ord for det, men de havde oplevet en tydelig resonans mellem en åndelig energi og stoffets mindste dele.

Resonansen foregår i et tomrum eller felt, jeg kalder broen mellem ånd og stof. Jeg har mange indre oplevelser i dette tomrum, og en del af dem er beskrevet i tre digtsamlinger med metamorfoser (Finnemann 2020).

Forbindelsen til de åndelige energier åbner for en helt ny livsform på Jorden. Denne livsform vil bygge på nye værdier og en livs-filosofi, hvor det åbne univers med forbindelse til den guddommelige livskilde er et nøglepunkt, og det åbne hjerte er indgangen.

Og det er ikke kun filosofi og tanker. Sandhedsværdien viser sig også i flere praktiske aspekter: Muligheden for selvhelbredelse og samskabelse og dermed for nye teknologier, der vil være med til at løse udfordringer, der i dag kan synes uoverstigelige.

Menneskeheden skal blot gøre sig parat, og det betyder ifølge min forståelse en kollektiv åbning mod den højere bevidsthed.

"Findes Gud"? spurgte jeg før.

Ja, som noget inde i os selv. Som livskraft, som skaberkraft, som healingskraft. Som bevidsthed uden for tid og rum, uden vibration, ren bevidsthed, som kanj erfares. Og i sidste ende som vores oprindelse og egentlige eksistens. Det er på det punkt, spiritualiteten bryder med vestlige religioner, som placerer Gud uden for os selv, og gør os mindre end vi faktisk er.

5.4 Hvem er jeg

Denne overskrift dækker over et foreløbigt svar på det eksistentielle spørgsmål om, hvem vi er, eller hvem jeg er. Der er også et svar på, hvem der gemmer sig bag det "vi", som nogle gange optræder som en højere instans i de indre rejser, og som er kilden til Trilogien.

Min proces i denne bog er en fortsat udvidelse af min bevidsthed, en ascensionproces og en integration af stadigt højere energier i sjælsuniverset. Samtidig er processen en stadig dybere trængen ind i mit indre, en forbinden mig med dette "vi", der optræder.

Og sådan vil det fortsætte, indtil bogen slutter med en opløsning af det hele. En overgivelse, en aha-oplevelse, som indtrådte samtidig med, at jeg skrev afslutningen af bogen.

I de høje lag smelter vi sammen med felter af skabelse, healing og visdom. Vi kan åbne kanaler og modtage denne visdom. Det skete, da jeg i 2022 modtog et kryptisk svar på, hvem eller hvad det er, der står bag mig som kilde, når jeg skriver digte og rejser i det indre.

Vi er uden identitet
Vi er alt og vi er feltet bag ved alt

Vi er enheden
Vi er udfoldelsen af enheden

Vi er Intet og vi er Alt
Vi er den skabende kraft
og Vi er den rene væren

Sådan står der. Og indtil videre er det også svaret på det store spørgsmål om, hvem vi er, du og jeg.

Kapitel 6

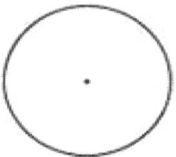

DET ENE LIV FOLDER SIG UD I EN MAGISK PROCES
DET ER ENHEDEN, DER SPRINGER UD GENNEM ALTET
Jørgen Finnemann

6   Enhed

Vi har talt om, hvordan stærene hænger sammen i sort sol i kraft af
en sammenhængskraft, der er knyttet til plasmaelementet. Vi har
også set, hvordan elementarpartiklerne, ligesom stærene, har mistet
deres individuelle betydning til fordel for feltet - det bagvedlig-
gende felt, kvantefeltet. Endelig har vi berørt, at vi ikke er adskilt
fra det, vi observerer. Vi er en del af det.

Det er den magiske virkelighed, der åbenbarer sig i kvantelagene, som udgør de højeste lag af sjælsuniverset. Det er en del af os, en del af den vi er, og en del vi er ved at blive mere og mere bevidste om. Samtidig er det nøglen til at forstå vores forbindelse med dyrene, naturen, hinanden og universet.

6.1 Al tings sammenhæng

Det er sammenhængskraften i kvantelagene, der knytter os sammen som én menneskehed. Vi er forbundet til et felt, hvad enten vi kalder det for plasmafelt eller kvantefelt. Ligesom stærene i sort sol nogle gange deler sig i grupper, er vi mennesker på ét niveau en samlet enhed, men på de mere fysiske niveauer er vi også opdelt på utallige måder.

Vi er opdelt i nationaliteter, trosretninger, holdninger og meget andet. Hver gruppe hænger sammen i kraft af en indre sammenhængskraft, som vi ikke helt forstår, men som vi tydeligt mærker. Her hører vi til. Vi er mange, der føler sig som danskere. I sidste ende er denne følelse et udtryk for den sammenhængskraft, der er gemt i plasmaelementet som en kim i vores bevidsthed.

Plasmafeltet er ikke kun knyttet til mennesker. Det gennemtrænger alt. Jo dybere vi knytter os ind til de høje bevidsthedsniveauer og plasmaelementet, desto stærkere bliver vi knyttet til naturen, dyrene, planterne og til Gaia - den klode, vi er en del af og forbundet til gennem plasmaelementet og gennem et skæbnebånd.

Når vi åbner vores hjerte, betyder det, at vi indefra oplever nødvendigheden af at leve i harmoni med mennesker, naturen og Gaia. Ja, det omfatter hele universet. Vi mærker vores samhørighed med den verden, vi lever i. Når denne følelse får lov til at trænge igennem i menneskeheden, har vi skabt Det Nye Univers.

Men det er bare ord. Vi skal dybere end det, for vi er energivæsener, vi hænger sammen som bevidsthedsfelter. Det kan vi blive mere dagsbevidste om og træne.

Her følger en række øvelser om at åbne hjertet og at forbinde os med naturen og med Gaia-væsenet. I bind 2 går vi dybere med flere hjerteøvelser og hjertets visdom.

Øvelse 7   At Åbne Hjertet

Denne øvelse findes i tre udgaver.
Du kan bruge en eller flere, som du foretrækker.

Øvelse 7a   Spejlet

Se dig selv i øjnene i et spejl.
Stå der et øjeblik, og sig så til dig selv:

"Jeg elsker dig. Jeg elsker dig. Jeg elsker dig."

Mærk efter, om der er tanker eller følelser, der vil frem.
Følg det, der kommer.

En lille variation af øvelsen kommer her:

Øvelse 7b   Hånden på Hjertet

Her lægger du hånden på hjertet og siger som før:
"Jeg elsker dig. Jeg elsker dig. Jeg elsker dig."

Endelig kan øvelsen bruges i dagligdagen, uden spejlet:

Øvelse 7c   Mantra

Brug sætningen som et mantra, du gentager indvendigt, igen og igen:

"Jeg elsker dig. Jeg elsker dig. Jeg elsker dig."

Gør det gerne flere gange dagligt.

Mantraet kan bruges mod tankemylder, eller hvis du bliver emotionelt overvældet af følelser. Det kan også bruges som en langsom indre transformation, en vej til dybere selvaccept.

Øvelse 8   At forbinde sig med Naturen

Denne øvelse kan udføres med en blomst, et træ, en sø eller hvad du har lyst til at forbinde dig dybere med. I teksten anvender jeg en sø som eksempel, men vælg selv noget, du kender og som du gerne vil besøge, og som du kan se eller forestille dig.

Øvelsen:

1. Sæt dig godt til rette, slap af og tag nogle dybe indåndinger. Luk dine øjne og kom i en meditativ tilstand.

2. Læg hånden på hjertet og sig til dig selv

   "Jeg elsker dig. Jeg elsker dig. Jeg elsker dig."

   Sid lidt og mærk, hvad der sker i dig.
   Når du er i ro med følelsen, går du videre.

3. Forestil dig søen – eller se ud over den

Læg så din hånd på hjertet og sig til søen:

"Jeg elsker dig. Jeg elsker dig. Jeg elsker dig."

Sid lidt. Gentag det.

Mærk kroppen.

Fortsæt, når du er klar.

4. Sig højt.
    "Kære sø, vi er ét.
    Vi hører sammen.
    Vi er ét."

Mærk, hvordan du smelter sammen med søen.

To bevidsthedsfelter smelter sammen som ét.

5. Du kan slutte med at sige tak til søen.

Du kan også fortsætte med at udtrykke dine følelser over for søen og åbne dig for søens energi. Det kan være noget, du mærker, eller en fornemmelse af, at den vil fortælle dig noget.

Leg med det. Brug dine egne ord.

Øvelse 9   At forbinde sig med Gaia, Solen, Universet

Vi kan udføre øvelse 8 i det uendelige med dyr, planter, Gaia, Solen, stjerner, Andromeda og hele universet. Hver gang vi gør det, forbinder vi os med et aspekt af sjælsuniverset. Vi gør os efterfølgende til ét med det, og begge dele er en del af ascensionprocessen. Det er to skridt på vores vej. At erfare og at blive ét med.

6.2 Den Skabende Urkraft

Der findes i sidste ende kun én bevidsthed, Enheden, som rummer alt og er alt. Enhedsperspektivet udfoldes i næste bog, men jeg nævner det her for at kunne beskrive, hvordan vi kan forstå evolutionen og skabelsesprocesser generelt som skabt af en bagvedliggende urkraft.

Vi kan kalde denne kraft for kærligheden, livskraften, ånden eller Gud. Det er en impuls, en kilde til energi, til liv, der ligger inde i kernen af hvert eneste atom i universet. Det er en skabende bevidsthed.

Det nye er, at det ikke er noget religiøst. Det er ikke noget, vi skal tro på. Det er noget, vi kan erfare og blive mere og mere ét med. Og i takt med at vi gør det, kommer det hele til at hænge sammen i det verdensbillede, vi kan tale om som Enheden.

Vi kan dermed forstå skabelsen som en projektion af åndsuniverset ind i sjælsuniverset. Eller som en nedfældning af den vibrationsløse åndsbevidsthed ind i sjælsuniversets mange vibrations-lag. Denne nedfældning sker ind i kvantelagene, de atomare lag, cellelagene og de makroskopiske lag, såsom organer, blod og krop.

6.3 Healingens natur og begrænsning

Plasmafeltet og kvantefeltet er placeret i 11 d af den simple grund, at her mødte jeg dem på sanserejserne. En dybere årsag er, at disse felter er noget af det første, der er skabt efter Big Bang.

Nyere healingsformer som kvantehealing sker ved at healeren etablerer kontakt til disse felter. Vi kan forstå kvantehealing som en aktivering af kvantefeltet, og det påvirker dermed stoffets mindste dele, elektroner og quarks. Al atomer i universet er opbygget af elektroner og quarks, og når deres vibrationer ændres, påvirker det neutronerne og protonerne, og dermed atomer, molekyler, celler, organer og kroppen.

Modstand og Udvikling

Denne aktivering sker som en slags resonans. Jeg har nævnt, at quarks er i resonans med den åndelige energi, kaldet Mahatma. Det er en resonans mellem ånd og stof, og det er nøglen til at forstå mange eksistentielle forhold. Det gælder lige fra muligheden for fri energi til en forståelse af, hvordan åndskræfterne er en forudsætning for livet på Jorden.

Forklaringerne kan lyde enkle, og mange arbejder med kvantehealing. Men der mangler svar på et vigtigt spørgsmål: Hvorfor virker healingen så langsomt? Hvorfor sker fysisk healing ikke øjeblikkeligt, når det lyder så enkelt, og mange er i stand til at arbejde på denne måde.

Svaret gemmer sig i de mange lag, der findes mellem kvantelagene i 10-12 d og de makroskopiske lag 1-4 d. Det gemmer sig i polaritet, skygger, karma og rekalibrering. Og det gemmer sig i den omstændighed, at vores jordiske liv er en lang udviklingsproces. Vores krop transformeres langsomt.

karma

Energien har ikke fri gennemstrømning i vores 12-dimensionelle sjælsbevidsthed. Jordens karma ligger som omtalt gemt i Akasha-arkiverne, der er en del af det 12 dimensionelle bevidsthedsunivers.

Karma fra de lemuriske tider ligger i 8-9 d, fra Atlantis i 5-7 d, fra Ægypten og andre solkulturer gemmer den sig i 4 d, og karma fra de sidste 2.500 år gemmer sig i lagene 1–3 d.

Meget af denne karma er opløst, og renselse på de indre planer er en nøgle til at komme videre. Den største skridt ligger i at sige ja til, at den indre vej er vejen frem for menneskeheden.

Rekalibrering som årsag til det langsommelige

Rekalibrering består i en langsom forandring af vores energisystem, når vi arbejder med ascension og descension. Vi kan ikke uden videre åbne til de højeste energier, men vores krop og energisystem tilpasser sig gradvist. Bevidsthedsudvikling er derfor en længerevarende proces, og det er hele menneskeheden, der løftes.

Det tredje udviklingsperspektiv, polaritet, følger her som kapitel 7.

Kapitel 7

MODSATKØNNETHEDEN ER EN NØGLE
EN POLARITET, DER OPLØSER SIG I TANTRA
EN OPLEVELSE AF ENHED I ET INDRE MØDE
Jørgen Finnemann 2024

7 Polaritet
en Drivkraft for Evolutionen

Polariteten mellem modsætninger skaber dynamik i menneskehedens udvikling. Det er en af drivkræfterne i evolutionen. Og polaritet findes i alle lag i sjælsuniverset.

I dagligdagen kender vi polaritet som sort-hvid, godt-ondt, rigtigt-forkert, og ikke mindst som han-hun, mand-kvinde og mere psykologisk, maskulint – feminint. I mikrokosmos findes polaritet som dynamikken mellem proton og elektron, og som den elektriske spænding mellem plus og minus.

Jung uddybede kønspolariteten ved at tale om vores indre modsat-kønnethed. Vi har alle en indre animus/anima, hvor anima repræsenterer mandens indre kvinde, mens animus repræsenterer kvindens indre mand. Jungs pointe var, at vi skal integrere denne modsatkønnethed som en del af vores udvikling mod at blive et helt menneske.

Der ligger en spænding mellem polerne i enhver polaritet, og udvikling sker i dansen med denne indre spænding, og i sidste ende at opløse den. Her taler jeg både om modsatkønnetheden og andre psykologiske mekanismer som at tænke i sort–hvidt, godt–ondt, rigtigt–forkert osv.

At opløse spændingen er noget andet end at udløse energien, som vi kan gøre i et skænderi eller ved den seksuelle udløsning.

Vi kan løfte os ud over de psykologiske poler, slippe dommeren i os og frigøre os fra den indre stemme, der kan have en tendens til at dele alt op i godt og dårligt, rigtigt og forkert, hvidt eller sort. Sådan er opgaven i dagligdagens perspektiv.

Og sådan kan vi integrere den seksuelle modpol, vi har i os. Det er temaet i dette kapitel.

Jeg vil udvide forståelsen af polaritet og inddrage det højere perspektiv. Vores sjælsbevidsthed er multidimensionel. Hvordan viser kønspolariteten sig i de højere lag?

I de højere lag finder vi de karmiske aftryk i Akasha-arkiverne. Vi har talt om, at begivenheder fra Atlantis ligger i 5, 6 og 7 d, og fra Lemuria i 8 og 9 d. Disse aftryk kan indeholde oplevelser fra gamle møder med det modsatte køn og kan udgøre en del af vores modsatkønnethed. På denne måde kan kønspolariteten eksistere i de højere bevidsthedslag.

Karmisk kan det forstås på den måde, at vores daglige udfordringer med parforhold og seksualitet kan have rod i tidligere epoker som Ægypten, Atlantis eller Lemuria. Og måske endda i tidligere eksistenser uden for vores solsystem. Stjernekrigene er således et resultat af begivenheder, der ligger 50 – 100 millioner år tilbage i tiden. Alle disse begivenheder ligger gemt i det multidimensionelle bevidsthedsrums mange lag og dimensioner.

7.1 Kønspolaritet og tantra

Jeg kan belyse kønspolariteten, da det har været et tilbagevendende tema i sanserejserne og i mit liv. Det følgende bygger således på personlige oplevelser, men det er ikke mig, der er interessant. Der ligger almene spor i oplevelserne.

Mange taler om at møde sin tvillingesjæl. Begrebet tvillingesjæl er en stærk indre polaritet, der knytter sig til 5–6 d og atlantistiden. Denne indfaldsvinkel er beskrevet af Shirley MacLaine i hendes bog *Camino*. Her omtaler hun overgangen fra Lemuria til Atlantis som en indre proces, hun kalder for kønsdeling. Hun beskriver, hvordan hun på sin pilgrimsvandring får vist, at det androgyne menneske gennemgår en proces og ender med at stå som to væsener, to tvillingesjæle. De står nøgne over for hinanden som mand og kvinde og betragter hinanden.

"Og så begynder den tantriske træning".

Sådan står der præcist i bogen, og da jeg læste den sætning, reagerede min krop. Det var som en indre resonans, helt fysisk. Og jeg tolker det som en indre genkendelse. Min krop genkendte noget, der har ligget i de højere lag af min bevidsthed, i det multidimensionelle sjælsunivers, i Akasha.

Tantra er svaret på polaritet. Tantra handler om at forene det, som føles adskilt og at skabe indre balance. Tantra er en filosofi og en livspraksis, en dans med polariteter. Tantrisk seksualitet betragtes som en hellig praksis, hvor seksualitet, kærlighed og spiritualitet arbejder sammen i en skabende proces. Det kan føre til dyb spirituel vækst.

Hos Shirley MacLaine havde den tantriske træning til formål at genforene to poler i hvert af de to mennesker. På den måde fik seksualiteten et udviklingsperspektiv, hvor de to tvillingesjæle tantrisk arbejder sammen om den indre proces mod enhed.

Når vi træder ind i nutidens multidimensionelle bevidsthed, er Atlantis ikke blot noget, der eksisterede engang. Det er en bevidsthed, som er til stede lige her og nu i en højere vibration, og kønspolariteten ligger i dette lag som en tiltrækning mod det modsatte køn.

Denne tiltrækning mærkes særligt stærkt, når et menneske møder sin tvillingesjæl.

Bevidstheden er fraktal. Det betyder, at grundlæggende mønstre gentager sig i de forskellige lag af sjælsbevidstheden. For de mange, der bruger kønspolariteten og seksualiteten som udviklingsvej, betyder det, at de kan møde polariteten i alle lag af det multidimensionelle sjælsunivers. I hvert eneste lag er det muligt at møde en partner, der resonerer med polariteten i det pågældende lag. Og det er ikke nødvendigvis den samme partner i de forskellige lag.

Dette kan være en af grundene til, at man kan have en tantrapartner uden at være kærester. I tantra kan man gennemleve en proces på et bestemt bevidsthedsniveau, som fx 5d. Når denne proces er fuldendt for dem begge, kan de sige farvel til hinanden, da der er ikke yderligere udviklingspotentiale i det seksuelle rum.

7.2 Indre tantra

Der findes en anden tantrisk udviklingsvej. Indre tantra har været min vej.

I indre tantra vælger man at gennemleve de samme indre processer uden at involvere en fysisk partner. Der findes flere former for indre tantra. Den mest udbredte form handler om, at erstatte den fysiske partner med en spirituel energi, som cirkuleres i energiøvelser på samme måde som i ydre tantra.

En anden vej ligner den almindelige tantriske praksis og foregår blot uden fysisk kontakt. To mennesker, der mærker en stærk polaritet mellem sig, kan på afstand cirkulere energien, som om de er fysisk sammen. På denne måde gennemgår de en tantrisk proces.

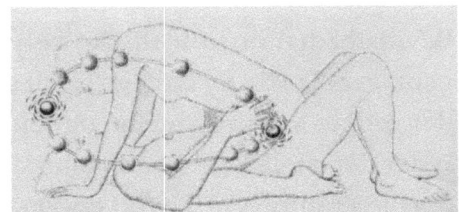

Figur 7
Tantrisk Cirkulation

Dette kan også foregå med en ikke–fysiske partner, som vi kommer i kontakt med på den indre planer. Det kan være stjerne- eller englevæsener, og det kan være guder og gudinder, vi forbinder os med. Jeg har omtalt Amonia ombord på rumskibet Aniara fra Andromeda. Hun er et sådant væsen, jeg har cirkuleret energien med. Og hvor syret det end kan lyde, så har det ført til processer af samme kraft og natur, som foreningen med en fysisk kvinde.

Pointen i dette er at bringe et udviklingsperspektiv ind i seksualiteten og at fortælle, hvordan det kan gøres uden at involvere et andet menneske.

Livet er en udviklingsvej, og menneskeheden står over for et bevidsthedsspring. At arbejde tantrisk med seksualiteten er en del af denne udvikling.

Kapitel 8

HVAD HVIS VI HOLDT OP MED AT PRØVE
AT TVINGE FREMTIDEN FREM
HVAD HVIS VI GANSKE ENKELT DANSER MED
HVAD DER MÅTTE KOMME
Frederic Laloux

EMPATIEN SKAL VÆRE PEJLEMÆRKE
FOR KOMMENDE SAMFUND
Elsebeth Karsholt

8   Samskabelse og Spirituel Ledelse

Denne bog er en del af en skabelsesproces. Hvert eneste ord er som en partikel, der er udsprunget af et bagvedliggende kvantefelt. Ordene er udsprunget af et bevidsthedsfelt, og de er kanaler til dette felt. De er ladet med energi som skabelsens magi.

Menneskeheden og vores forståelse af livet er under forvandling. Åbningen mod den højere bevidsthed rummer et potentiale, som trilogien kun indfanger en brøkdel af. Det vil forandre os som mennesker og vores tilværelse på alle livsområder.

Vi kommer til at opleve en indre transformation, der sætter sig igennem i det ydre. Det meste af bogen handler om det indre liv, om udfoldelsen af vores sjælsbevidsthed. I dette kapitel skal vi se, hvordan vi kan forandre verden ved at samarbejde med den højere bevidsthed.

Konkret handler det om samskabelse, og her er der både et lodret og et vandret perspektiv. Vi skal lære at arbejde sammen med hinanden på nye måder, og i gruppesammenhænge skal vi lære at samarbejde med den højere bevidsthed. Det er nøglen til nye arbejdsformer, der kan anvendes i alle kollektive sammenhænge. Det spænder fra bofællesskaber, frivillighedsområdet og virksomheder til politiske sammenhænge, hvor det kan anvendes både nationalt og internationalt.

Nybruddet på Jorden sker ikke tilfældigt. Det sker som en del af et evolutionært skifte, der har været undervejs i mange år, og som har åbningen mod den højere bevidsthed som hovedoverskrift og drivkraft.

Det uddyber jeg i næste bind med en omtale af tre cyklusser i evolutionen, der alle tre er afrundet og nu træder ind i en ny runde. Hver cyklus giver sit bidrag til forandringerne og stiller sine krav til menneskeheden om forandring.

Det nye er

- o Nye værdier som kærlighed og medfølelse
- o Tre nye elementer betyder, at vi kan rumme nye energier
- o Den Højere Bevidsthed integreres

Bogen vil støtte og fremme dette nybrud. Den gør det ved at bringe det evolutionære perspektiv i spil og ved at vise, hvordan den højere bevidsthed forandrer os, og hvordan den kan anvendes helt praktisk inden for sundhed og samskabelse.

Det helt centrale er, at vi fremmer udviklingen ved at sætte fokus på os selv og menneskehedens kollektive bevidsthed. Det handler om at åbne hjerterne, løfte perspektivet og langsomt integrere den højere bevidsthed med dens muligheder.

Det er i det perspektiv, vi skal se, hvordan vi konkret kan samarbejde med den højere bevidsthed.

8.1   Samskabelse

Når vi samarbejder med den højere bevidsthed, arbejder vi sammen med naturens skabende kræfter. Det er en vigtig pointe, der letter vores arbejde:

Vi arbejder sammen med de skabende kræfter frem for at modarbejde dem. Vi bliver aktive medskabere ved at forbinde os med den højere bevidsthed, komme i flow og lade inspirationen og intuitionen flyde frit. Vi bliver vejledt indefra.

Når vi forbinder os med de høje niveauer, kan vi arbejde med samfundsmæssige spørgsmål inden for organisation, politik og i de nære fællesskaber, hvor den enkelte har sit virke. Det bliver et afgørende skridt i samfundsudviklingen.

Vi kan starte i det nære, men det vil med tiden udvikle sig til større organisationer, virksomheder, lande og FN. Jeg kalder det spirituel ledelse eller ledelse med hjertet, for hjertet er indgangen til den højere bevidsthed.

Vi skal se tre konkrete eksempler på, hvordan vi kan praktisere dette samarbejde. Inden da vil jeg nævne, hvad den belgiske ledelsesrådgiver og forfatter Frederic Laloux har sagt om principperne for fremtidens organisationer og ledelsesformer.

Frederic Laloux

Laloux har undersøgt en lang række virksomheder verden over og uddraget nogle fælles træk, der hører til den nye tid, han kalder evolutionær. Han har gjort sig bemærket med sin vision for fremtidens organisationer.

I bogen *Fremtidens Organisation* taler han om en organisationsform, der kobler sig til fremtidens samfund. Den bygger på tanken om, at vi netop står ved et større evolutionært spring, sådan som jeg omtalte det i starten af dette kapitel. Han taler om en organisationsform, der hedder TEAL. Det er en kratisk organisationsform i familie med holakrati og sociokrati.

Laloux nævner tre nøglepunkter:

- o Selvledelse – dvs. selvledende grupper, der tager ansvar for et område

- o Helhedstænkning – vi er til stede som hele mennesker og tænker i helhedens interesse

- o Evolutionært formål – vi arbejder ud fra et fælles, forpligtende formål.

Pointen er at sætte den enkelte fri, så mennesker får ejerskab over opgaven uden anden indblanding end coaching. Den enkelte gruppe har det fulde ansvar. Forudsætningen for at tage dette ansvar er, at alle siger ja til det overordnede evolutionære formål. Det er det centrale, det er dette formål, der samler gruppen om den fælles opgave. formålet kan være formuleret som en vision eller et idegrundlag, som gruppen konstant holder levende.

Jeg har afprøvet det i Alternativet i Odsherred med en inspirationsgruppe. Erfaringen var, at der var stor tilfredshed blandt dem, der involverede sig, men også at mange, der havde haft ledende funktioner, ikke ville være med. Gruppen kunne derfor ikke tage skridtet og blive en ledelsesgruppe.

Ledelsesformer og det personlige skal følges ad, for overgivelsen til det fælles evolutionære formål er en vigtig forudsætning for, at de nye former kan lykkes. Alle skal sige ja.

Laloux taler ikke om den højere bevidsthed, men hans principper er centrale for for fremtidens samarbejde.

Jeg vil omtale tre eksempler på spirituel ledelse:

- En vellykket anvendelse i professionel sammenhæng
- Et forslag til anvendelse i et politisk parti
- Erfaringer fra et projekt med frivillige

Leading Humans

Louise Orbesen er ledelsesrådgiver for en række danske topchefer og fast skribent på finans.dk. Hun startede i 2017 rådgivningsvirksomheden Leading Humans, der arbejder for næste generations ledelse (se Orbesen 2025).

Filosofien i Leading Humans var fra begyndelsen at se deres organisation som en selvstændig organisme. Den lille gruppe af medarbejdere arbejdede ved at sætte sig meditativt, forbinde sig med denne organisme og stille spørgsmål til den. På denne måde fik de inspiration til udviklingsmuligheder og andre former for input.

Louise Orbesen skriver selv:

Vi skal have et forhold til organisationen, som om den har sit eget liv, og vi skal spørge organisationen, hvordan vi kan tjene den. Der er en fed kraft i det, og det er ikke spor mystisk.

og

Det er som om, vi har fundet ind til kernen af, hvordan vi leder mennesker som mennesker. Hvordan vi skaber mere værdi på mindre tid og med en langt større grad af tilfredsstillelse, mening og nydelse for den enkelte.

Det hele handler om at gøre ledere, medarbejdere og organisationer i stand til at kunne mestre større kompleksitet, mere uforudsigelighed og højere tempo. Her er de fem vigtigste ingredienser:

1. Evolutionært formål. ... Vi har spurgt Leading Humans: Hvad skal Leading Humans? – og hvordan tjener vi bedst det formål? Svaret har vi lyttet til ved at meditere, skrive ned og sammenstille svarene. Det lyder syret, men jeg har sjældent oplevet en mere kraftfuld og effektiv proces.

2. Holacracy og selvledende teams. Ingen chefer, ingen titler og ingen jobbeskrivelse, men derimod cirkler, roller og funktioner. Hvis kroppen blev ledet i det klassiske hierarki, ville den dø indenfor få minutter.

3. DDO og menneskets udvikling i fokus. Menneskets udvikling er en forudsætning for maksimal værdiskabelse. Faktisk i en grad, så hele forretningen bør tage udgangspunkt i det enkelte menneske og dets udvikling.

4. Nuets kraft. Det handler om at komme ud af hovedet, forklaringerne, analyserne, egoets interesser og i stedet mobilisere en større intelligens, der vækkes i kontakt med nuet. Måder at arbejde på er for eksempel check-in, procesarbejde og meditation.

5. Hurtig implementering. Vi har to sætninger i Leading Humans, der konstant flyver gennem luften. Den ene er *good enough for now; safe enough to try*. Den anden er, at vi bygger flyvemaskinen, mens vi flyver. Begge handler om *rapid prototyping*.

Det er interessant at se, at Louise Orbesen taler om at mobilisere en større intelligens via meditation.

Det næste eksempel viser, hvordan det er muligt at inddrage den højere bevidsthed i politisk arbejde. Eller med Orbesens terminologi: Hvordan inddrager vi en større intelligens?

Spirituel Ledelse i et Politisk Parti

Fokus i denne bog er den højere bevidsthed, og i dette kapitel undersøger vi, hvordan den indgår i det større perspektiv, som Laloux og Orbesen har på ledelse og organisering i fremtiden.

Vi skal undersøge, hvordan vi kan kvalificere det politiske arbejde ved at inddrage den større intelligens, der er forankret i den højere bevidsthed.

Det er et konkret forslag, der henvender sig til medlemmer af politiske partier, men også til andre, der er interesserede i at udvikle en praksis, hvor den højere bevidsthed inddrages i et konkret arbejde.

Der er to fremgangsmåder.

Brug af meditation i arbejdet

I den ene tilgang inddrages metoden direkte i en gruppes arbejde. Det kan være Folketingsgruppen, et udvalg eller en lokal bestyrelse. Udgangspunktet er her, som hos Louise Orbesen, at opfatte gruppen som en identitet med sin selvstændige bevidsthed, som gruppen kan samarbejde med via meditation. Gruppen kan stille spørgsmål og få svar som de gør det i "Leading Humans".

Denne metode forudsætter, at alle i gruppen er parate til at arbejde på denne måde, dvs. at alle skal have erfaring med meditation. Denne begrænsning kan man komme udenom med den anden arbejdsform.

Brug af en ekstern meditationsgruppe

I den anden tilgang lægges meditationen uden for gruppen. Her stiller en eller flere meditationsgrupper af medlemmer sig til rådighed med støtte, inspiration, og rådgivning for de organer eller personer, der ønsker det. Og det kan være alle med en ledelses- eller politisk funktion i partiet.

Gruppen arbejder meditativt på grundlag af ønsker og spørgsmål fra det forum eller den person, der har ønsket samarbejdet. Meditationsgruppen har ingen besluttende myndighed, men kan inspirere og løfte det politiske arbejde.

Helt enkelt er det muligt at lægge spørgsmål af enhver art over til gruppen, der søger svar via meditation. Det handler ikke om at flytte beslutninger væk fra den demokratiske proces, men om at invitere en ekstra inspirator indenfor.

Eksempel: En Lokalforening eller Storkreds

En lokalforening eller storkreds kan benytte en af metoderne frem mod et kommende kommunalvalg. Bestyrelsen kan afklare overordnede spørgsmål om strategi og politisk retning ved at afbryde et møde og ændre mødeformen til 5 minutters meditation. Her stilles spørgsmålet, alle lukker øjnene, og hver enkelt får et svar, som man bagefter deler og drøfter.

Bestyrelsen kan også vælge den anden metode og nedsætte en meditationsgruppe, som man ønsker inspiration fra inden næste møde.

En hovedbestyrelse kan med fordel tilknytte en ekstern meditationsgruppe til overordnede spørgsmål om partiets retning og til inspiration om nye initiativer.

Pointen er at udnytte fremtidens tankeform: at hovedbestyrelsen, partiet og lokalforeningerne hver for sig er et væsen med bevidsthed. Gennem meditation kan vi forbinde os med denne bevidsthed og få svar. Hvad ønsker den? Hvad har den behov for? Hvad mener den om det, der sker og skal ske?

Det centrale i meditationsgruppens arbejde er at forbinde sig med et højere fælles formål, gerne i form af et værdigrundlag. Her adskiller Alternativet sig fra alle øvrige partier ved at have et værdigrundlag med seks værdier og et manifest. På Alternativets hjemmeside står følgende:

Værdierne

Alternativet tager afsæt i seks kerneværdier, der kendetegner interne og eksterne arbejdsprocesser såvel som konkrete politiske udspil.

De seks kerneværdier er:

Mod - Mod til at se problemerne i øjnene, men også mod på den fremtid, der er vores.

Generøsitet - Alt, hvad der kan deles, skal deles med dem, der har lyst.

Gennemsigtighed - Alle skal have mulighed for at se os over skulderen- både på gode og dårlige dage.

Ydmyghed - Overfor opgaven, overfor dem, vi står på skuldrene af og overfor dem, der kommer efter os.

Humor - Uden humor ingen kreativitet. Uden kreativitet ingen gode idéer. Uden gode idéer ingen skaberkraft. Uden skaberkraft intet resultat.

Empati - At sætte sig i den andens sted og se verden derfra. Og derpå skabe løsninger, hvor alle vinder.

Værdierne bliver ikke bare pudset af, når der skal holdes skåltaler. De seks kerneværdier skal være konstante pejlemærker, synlige i det daglige politiske arbejde. I den måde vi tænker, taler og handler på. Fra debatarrangementer over politiske udspil til kampagneafvikling.

Videre står der på partiets hjemmeside:

Alternativets Manifestet

Der er altid et alternativ

ALTERNATIVET ER EN POLITISK IDÉ

Alternativet er en politisk idé om personlig frihed, social værdighed og levende, bæredygtige fællesskaber. Et håb. En drøm. En længsel efter mening, betydning og medmenneskelige relationer. Alternativet er et svar på det, der sker i verden i dag. Rundt om os. Med os.

Alternativet er et opråb mod den kynisme, mangel på gavmildhed og hakken nedad, som trives i vores samfund.

Alternativet er et positivt modspil. En lyst til at komme med reelle og seriøse svar på den miljø- og ressourcekrise, kloden står midt i. En krise som for hver dag forværrer vores egne såvel som vores børn og børnebørns muligheder for et godt, rigt og meningsfuldt liv.

Alternativet er nysgerrighed efter at udvikle vores lokalsamfund, byer og nationer. Vi vil selv tage vare på økonomien og de demokratiske beslutninger. På vores arbejdspladser og i de lokalområder, hvor vores liv leves. Uden at miste det globale udsyn og ansvaret for at finde fælles løsninger sammen med vores naboer. Også dem, der bor på den anden side af kloden.

Alternativet er samarbejde. Vi ved, at private virksomheder alene ikke kan løse problemerne. Det kan offentlige institutioner heller ikke. Og det kan NGO-bevægelserne heller ikke. Derfor skal vi opfinde helt nye koblinger og samarbejds-modeller, hvor vi bruger det bedste fra det private, det offentlige og NGO'erne.

Alternativet er åbenhed efter at afprøve nye idéer og skabe løsninger, der virker. Alternativet er også tænksomhed. Efter at forstå komplekse sammenhænge og modstå fristelsen i forsimplede argumenter og behagelige illusioner.

Alternativet er mod til at se problemerne lige i øjnene. Men også mod på den fremtid, vi skal være fælles om. Alternativet er også humor. Uden humor ingen kreativitet. Uden kreativitet ingen gode idéer. Uden gode idéer ingen skaberkraft. Uden skaberkraft intet resultat.

Alternativet er allerede virkelighed. Rundt om på kloden bliver der lige nu skabt helt nye institutionstyper, virksomhedsformer og sociale netværk. Om det er i København, Seoul, Durban eller

Rio. Enkeltvis synes de måske ikke af så meget, men tilsammen er der tale om en livskraftig global forandringsbølge.

Alternativet er for dig som kan mærke, at noget er sat i bevægelse. Som fornemmer, at noget nyt er ved at afløse det gamle. En anden måde at se demokrati, vækst, arbejdsliv, ansvar og livskvalitet på. Det er alternativet.

Denne kombination af værdier og manifest er visionært og et godt eksempel på et evolutionært formål. Ikke mindst er det værd at bemærke, at Alternativet taler om empati. Den meditative arbejdsform er som skabt til dette værdigrundlag og manifest.

Det sidste eksempel på spirituel ledelse viser meget konkret, hvordan dialogen med den højere bevidsthed kan forme sig.

En jysk Golden Garden Gruppe

I årene 2013-18 arbejder en række danskere på at genetablere The Golden Foundation som et retrætested på Kreta, eller at nyskabe det under navnet The Golden Garden. I en periode er vi fire medlemmer i Jylland, der mødes som del af dette arbejde.

Gruppen mødes hver 6 uge, og vi anvender en form for spirituel ledelse af vores lokale arbejde. Vi indleder hvert møde med at formulere tre spørgsmål eller temaer, som vi bringer med ind i tre korte meditationer. Her er nogle eksempler:
Ved det første møde lød de tre spørgsmål:

1. Hvad er gruppens identitet, hvad er der konsensus om?
2. Hvordan kan vi støtte The Golden Garden lige nu?
3. Hvad gør vi lige nu, hvad kan vi formidle videre?

Vi mediterer 7 minutter på hvert spørgsmål. Efter hver af de tre meditationer er der en pause, hvor vi deler svar og indtryk fra meditationen.

Spørgsmålene fra et senere møde lød.

1. Kan vi få et overordnet billede af energien omkring The Golden Garden.

2. Hvad er gruppens opgave i forhold til Golden Garden

3. Hvad skal jeg (hver af os) i forhold til Golden Garden

Med de tre spørgsmål er der hver gang en linje fra det generelle til det personlige, her og nu. Vi kan få meget overordnede svar, men vi kan også få meget konkrete svar.

Eksempler på svar, der kom er

Vores lille gruppe er trådt ind i en ny fase, hvor vi dybere transformerer energien. Det arbejde er vigtigt, netop fordi vi har mulighed for at skabe en større helhed, da vi repræsenterer forskellige energier.

Vore forskelligheder mødes, og det løfter energien, og vi skal se betydningen af at løfte i flok. Dette giver gruppen et stort potentiale og ansvar. Vi skal derfor melde ud om denne proces.

Vi skal være en enhed i det, vi sender ud, trods vore forskelligheder.
Vi skal have ærlighed og autenticitet i udtrykket.
Vi skal vise respekt for hinandens ståsted og vej.
Autenticitet kræver mod og empati.

og

Situationen er præget af nedbrydning.

Vi skal være uafhængige af alt, der var.

Der er nye impulser om, at stedet skal leve. Der er også galak-
tiske, plasmatiske energier og The Golden Garden skal ses som
del af den nye udvikling på jorden, fra sjælsbevidsthed til ånds-
bevidsthed.

8.2 Skabelse i Intetheden

Det forrige afsnit handlede om at skabe her og nu i samarbejde med
de spirituelle kræfter, hvad enten vi taler om en virksomhed som
Leading Humans, eller et politisk parti som Alternativet. Det er al-
lerede et stort spring at træde ind i denne arbejdsform.

Samtidig er det kun det første skridt i at arbejde skabende med de
spirituelle kræfter. I de nævnte eksempler er det noget, vi gør som
dem vi er, uden at tænke over, at vi er en del af den bevidsthed, vi
samarbejder med.

Det multidimensionelle sjælsunivers er et mangfoldigt væsen. Det
er en del af os selv, og det har utallige indre forbindelser, der er år-
sag til det, vi kalder magi, fordi vi oplever noget, der ligger ud over
det verdensbillede, der indtil nu har været fremherskende.

Men der er også blokeringer i sjælsuniverset, fordi den personlige
og kollektive karma er gemt her. Det betyder, at energien ikke kan
flyde frit, og der kan opstå sygdom og psykisk ustabilitet, som vi
kan arbejde med. Men der er også et andet aspekt, som vi skal se på
her, og det peger fremad.

Sjælsuniverset er et udviklingsværktøj for menneskeheden. Det er en konstruktion, et energifelt eller et energilegeme, som gør det muligt for menneskeheden at gå igennem evolutionen og åbne op for flere og flere lag i bevidstheden. Vi er udviklingsvæsener, der er på en lang rejse, og det er denne rejse, vi arbejder os igennem i denne trilogi, og pointen er, at den egentlige nyskabelse på jorden sker ved, at vi udvikler os selv. Resten følger naturligt.

Vi har indbygget receptorer i alle lag af bevidstheden, og de venter på at blive åbnede gennem et indre arbejde, hvad enten det foregår som i denne bog eller på andre måder.

Det handler om at åbne op for nye bevidsthedsfelter, at åbne en række portaler og dermed skabe nye forbindelser i vores energilegeme. Min proces, da jeg i 2013 satte mig i sansestolen for første gang, er et eksempel på en sådan åbning, og den førte til alt, hvad denne bog beskriver.

Vi kan træne bevidsthedsudvidelsen med en øvelse, der åbner rejsen gennem sjælsbevidstheden på en anden måde. Her træder vi ind i tre rum, der ligger som tomrum i sjælsbevidstheden. De kan opfattes som mellemrum mellem trinene i bevidsthedsmodellen, og det er som at træde ind i det tomrum, der findes i atomerne. Et tomrum, fyldt af felter.

De tre rum hedder Stilheden, Tomheden og Intetheden. De er indbyrdes forbundne, og når vi bevæger os fra det ene til det andet og videre til det tredje, arbejder vi os dybere og dybere ind i bevidstheden. At træde ind i disse rum er en udviklingsvej.

Øvelse 10   Stilheden – Tomheden – Intetheden

1. Sæt dig godt til rette, luk øjnene og træk vejret dybt et par gange.

2. Forestil dig, at du går ned af en mindre trappe og kommer til en gang, der går på tværs. Du ser tre døre, en henne til venstre med et skilt, hvor der står Stilheden. På en dør lige frem står der Tomheden, og på den tredje, henne til højre, står der Intetheden. Dørene fører ind til de tre rum, der støder op til hinanden.

3. Du går hen til døren til venstre, hvor der står Stilheden.

4. Luk døren op og træd ind i rummet i det tempo, der passer dig. Mærk rummet med alle dine sanser. Mærk Stilheden. Bliv i rummet så længe du har lyst, undersøgende eller i ren væren.

5. Du kan nu vælge at gå ud af den dør, du kom ind og holde en pause ude på gangen, måske afslutte meditationen, eller du kan blive i rummet og gøre dig klar til at træde direkte ind i Tomheden.

6. Uanset hvilken vej du er gået, går du nu hen til en dør, hvor der står Tomheden. Du åbner døren, mærker energien fra rummet og træder ind. Du sanser, hvordan energien er herinde. Det er et enormt rum af tomhed. Mærk det, vær i det, bliv i det så længe, du har lyst, gerne nogle minutter.

7. Du kan nu vælge at forlade Tomheden ud af den dør, der fører ud på gangen og dermed afslutte meditationen, eller du kan blive i rummet og gøre dig klar til at træde direkte ind i Intetheden. Brug lidt tid til at vælge, hvilken vej du vil gå.

8. Du går nu hen til døren, hvor der står Intetheden. Luk døren op og mærk den energi, der strømmer mod dig. Træd ind i rummet. Mærk rummet med alle dine sanser. Bliv ét med rummets energi. Du er Tomheden. Overgiv dig til en indre proces af opløsning af alt, der var. Opløsning af tankemønstre, opløsning af den, du troede, du var.

9. Synk dybere ind i Intetheden og mærk det nye, at Altet åbner sig. Du kommer ud som Altet. Forbind dig med Altet. Mærk de nye energier gennemstrømmer kroppen. Mærk at du ér Altet. Hvil i denne væren i nogle minutter.

10. Vi afslutter med at mærke hjertet, mærke kroppen, mærke fødderne mod gulvet

11. Afslut med nogle dybe åndedræt og drik noget vand.

Denne øvelse er en anderledes rejse gennem dimensionerne. Det er min erfaring, at Stilheden ligger som tomrummet i atomerne, og tomheden ligger i overgangen til kvantelagene. Endelig er Intetheden et tomrum, der ligger ud over 12 d og forbinder sjælsuniverset med åndsuniverset, med et antiunivers og med tachyoniske universer. Her opløses enhver adskillelse.

At forbinde sig med Intetheden er derfor at skabe en bro for udfoldelsen af alt liv i alle universer, og mere konkret at blive medskaber af evolutionen. Det er analogt til det, jeg skrev om plasma- og kvantefeltet i forrige kapitel, men nu er vejen en anden - en mere direkte vej for den, der tiltrækkes af denne øvelse.

Øvelsen er en udviklingsvej med de tre vigtige portaler, som sammen åbner hele vejen gennem sjælsuniverset til det altåbnende rum af Intethed. Vi kan beskrive rummene således:

Stilheden er et rum, hvor der er stille.

Tomheden er et rum, hvor der naturligvis er stille, for der er tomt derinde, aldeles tomt.

Intetheden er ikke et rum. Her er stille, her er tomt, for her er intet. Alt er opløst. Her er ren væren, ren overgivelse, dyb transformation. Det er et bevidsthedsfelt.

Ud af Intetheden træder som det nye. Det er magien i Intetheden. Det er som at Altet bevæge sig gennem et ormehul eller som at falde ind i et sort hul og komme ud på den anden side gennem et hvidt hul.

Når vi udfører denne øvelse, er det som at tage en elevator direkte op til tagterrassen i det 12-etagers hus, jeg i afsnit 2.8 omtalte som et simpelt billede af sjælsuniverset.

I sanserejserne går vi omhyggeligt op af trappen og undersøger hver etage. I denne øvelse kører vi mere direkte op til Intetheden og har kun de to stop i tomrummene Stilheden og Tomheden.

Disse rum repræsenterer det, vi i verdensrummet ser som tomrum mellem stjernerne (Stilheden) og mellem galakserne (Tomheden), mens Intetheden sammen med Altet repræsenterer den opløsning og nyskabelse, der foregår i ethvert sort hul, herunder Big bang.

Øvelsen kan være en åbning til en helt ny bevidsthed, et helt nyt univers, og det vil for mange vare flere år at integrere disse skridt. Det kan i begyndelsen være en idé at afkorte øvelsen til de første tre eller fem skridt, dvs. kun at besøge et eller to af rummene.

Jeg bruger betegnelsen Det Nye Univers om vores fremtid, fordi jorden er på en lang rejse ind i en helt ny bevidsthed, som vil medføre nye livsformer på alle tænkelige måder. Det skal ikke udfoldes her, men jeg vil fremhæve essensen.

Det største skifte er åbningen til en større forståelse af livet, at erfare den større bevidsthed og at erkende, at vi ér denne større bevidsthed, og at den er kilden til sandhed. At sandhed kommer inde fra. Det er det store skridt. Det kræver en ny form for videnskab, og det betyder, at nye videnskabsgrene bliver centrale.

Udfoldelsen af Det Nye Univers vil ske i takt med udfoldelsen af hjertets visdom, og det er netop udgangspunktet i bind 2.

8.3   Samskabelse i den nye tid

Menneskehedens kollektive bevidsthed er nået et niveau, som giver begrebet samskabelse nye betydninger og muligheder. Her henviser jeg til, at mange nu er dybt forbundet med skabelsens kilde, som ligger ud over sjælsbevidstheden.
Samskabelse betyder at skabe sammen med den højere bevidsthed, det jeg før kaldte at skabe i flow med evolutionen. Men begrebet er flydende, for i sidste ende handler det om at forbinde os dybere og skabe sammen med den åndelige kraft, Kilden, Enhedsfeltet.

Eksemplerne i dette kapitel viser, hvordan vi kan begynde. Lad os derfor reflektere over, hvad der foregår i disse eksempler.

Samskabelse er noget andet end samarbejde, og det kan foregå på mange måder. Det kan ske som et personligt eller individuelt arbejde, og det kan foregå som et meditativt arbejde i en gruppe. Det er det sidste, jeg har talt om, for her er der både store udfordringer og et enormt potentiale. Og det gælder, uanset om vi taler om nye samfundsformer, boformer, dyrkningsmetoder eller andre fællesskaber.

Samskabelsens natur

Først må vi gøre os klart, hvad vi vil, når vi går sammen om at skabe noget nyt. Vil vi målrette arbejdet til et konkret projekt, som udviklingen af en organisation, et bofællesskab eller et klima-projekt. Eller er projektet mere åbent og universelt, som ønsket om at skabe fred på jorden, dvs. projekter, hvor det primære kan være et bevidsthedsarbejde.

I begge tilfælde vil jeg understrege betydningen af at koble sig til den skabende energi. Det skal løfte os ud over de personlige meninger og interesser, men også gerne ud over det sjælelige niveau. Det sjælelige niveau er ganske vist er en højere bevidsthed, men rummer ikke den samme indre kraft og nyskabende natur som Kilden. Dette aspekt er blevet vigtigere i takt med, at bevidstheden ændrer sig så hurtigt på jorden, og i takt med at flere og flere kan holde denne energi. Det er et stærkt redskab, og det er en form for overgivelse til universets skabende kraft. Vi giver slip på styringen, og det er ikke altid let.

Uden Intention

Hvis vi ser nærmere på det rene bevidsthedsarbejde, kan energien i Enhedsfeltet arbejde ind i alle sjælsbevidsthedens niveauer. Ved at forbinde os til dette felt, åbner vi for en healings- og skabelseskraft, der arbejder ind i det multidimensionelle sjælsunivers og arbejder ind overalt, hvor der er brug for det. Vi behøver ikke at målrette energien, og det gælder, uanset om vi arbejder individuelt eller i grupper.

Meget kan gøres uden nogen form for målretning. Energien finder sin vej og opfanges af de mennesker, dyr og planter, der har brug for den. Den når alt og alle, når vi forbinder os med Enheden.

Intention

Vi kan også vælge at målrette energien mod områder, vi ønsker.

Når vi er forbundet til Enhedsfeltet, der rækker uden for tid og rum, kan vi ikke målrette energien uden samtidig at træde ud af feltet. Vi er fortsat forbundet til feltet, men vi er ikke feltet på samme måde. Det er to forskellige niveauer i arbejdet.

Vi kan have en intention om at bringe healing ind omkring en situation som krigen i Ukraine, nødlidende i Mellemøsten, eller til politikernes arbejde i Danmark, EU eller FN. Hvis vi holder denne intention i hjertet og derefter forbinder os med Enhedsfeltet, skaber vi en energibro, som virker, uden at vi blander os yderligere. Pointen er, at Enhedsfeltet findes overalt hele tiden. Det eneste, vi gør, er at aktivere det i os selv og skabe en bro til de steder, vi retter vores intention imod.

At skrive denne bog er et eksempel. Hver dag, jeg ønsker at skrive, forbinder jeg mig med intentionen om at skrive og med det universelle felt, som derefter finder sin vej via de åndelige hjælpere, der er omkring mig. Beskeder kan være som denne:

> Fra åndelig side ser vi gerne grupper af mennesker arbejde på begge måder, både som rene bevidsthedsgrupper, men også gerne grupper, der er koblet til enhver form for projekt på jorden. Og det gælder, hvad enten det er FN's generalforsamling, et nationalt parlament eller politisk parti, eller det er projekter, der arbejder med teknologi, fødevarer, sundhed eller andet.

Ønsket fra åndelig side er, at sådanne grupper opstår naturligt i tilknytning til projekter og aktiviteter. Og ønsket er, at de opstår som noget, der kommer indefra, således at der er en energimæssig forbindelse mellem projektet og meditationsgruppen.

Idegrundlagets idé

Da jeg talte om at arbejde med spirituel ledelse i et politisk parti, nævnede jeg Alternativet. Det gjorde jeg, fordi dette parti som det eneste har et værdigrundlag med højere værdier og et manifest. At nævne generøsitet og empati som værdier i politisk sammenhæng er banebrydende, og manifestet peger fremad på en måde, der gerne må smitte af på andre partier.

Pointen er, at når en gruppe vil arbejde spirituelt med at samskabe i den nye tids ånd, skal der være et centrum, noget større end det personlige. Der skal være noget der samler alle, og det er netop det, Laloux kalder det for et evolutionært formål.

Det er her, nye grupper skal være opmærksomme. Hvad er centrum i arbejdet? Hvad forener gruppen? Hvad er formålet?

Og svaret er kort: skriv et idegrundlag med et højere formål, og samtidig så konkret, at der er noget at arbejde ud fra i det meditative rum.

Som eksempel vil jeg udarbejde et idegrundlag for Bevidsthedshospitalet 2040. Her vil det naturligt fremgå, at fremtidens arbejde med sundhed handler om bevidsthed, men det vil også fremgå, at udviklingen af bevidsthedshospitalet er en skabelsesproces i den nye tids energi, og at den meditative arbejdsform er en naturlig del af tilblivelsesprocessen.

Idegrundlaget for Bevidsthedshospitalet er en del af bind 2.

Samskabelsens magi

Samarbejdet med den højere bevidsthed er inspirerende og givende. Jeg vil illustrere det med et eksempel på, hvordan jeg tuner ind med et ønske om at høre mere om skabelse.

Forbundet til det højeste
Træder ind i en verden af skabelse,
af multidimensionalitet, af glæde, venlighed, kærlighed.

Skabelsens magi er at være ét med alt
Skabelsens magi er en overgivelse til
universets iboende skabende kraft
Skabelsens magi er en overgivelse
til at lade disse kræfter virke gennem os

At forbinde sig med universets iboende kraft er et skridt, den enkelte kan tage. Det handler om at sige Ja på alle niveauer, at træde ind og forbinde sig med kroppens organer, celler og atomer.

Blot at forbinde sig med disse tre niveauer og at sige Ja på disse niveauer er det eneste nødvendige. Den, der gør det, behersker skabelsens magi, vel vidende at det indre Ja er et forpligtende ja i forhold til en højere etik. For skabelsens magi findes både i en hvid og en sort udgave.

Den hvide magi tjener universets skabende kraft. Den sorte magi udnytter den samme kraft til egoistiske ønsker. Hvid magi er et svar på jordens udfordringer.

8.4 Hvid Magi

Når vi samarbejder med åndskræfterne, er der tale om stærke kræfter, der kan have konsekvenser, vi ikke kan forudse. Det er derfor vigtigt at forstå de konstruktive og destruktive aspekter i at arbejde med disse kræfter.
Bevidsthedens egentlige natur er at være skabende, og evolutionen er resultatet af denne skabende natur. Sand skabelse er, i denne bogs perspektiv, at skabe i overensstemmelse med evolutionen, det vil sige i en overgivelse til, at det er Enhedsbevidsthedens skabende natur, der skal styre de magiske skabelsesprocesser i 10, 11 og 12 d.

Det er magisk at slippe den personlige kontrol og forbinde sig med denne bevidsthed. Det er hvid magi, og enhver indblanding af egoistiske ønsker og styring nærme sig en gråzone, hvor den egentlige sorte magi handler om, at nogen udnytter kræfterne til egoistiske eller destruktive formål. Begge dele forekommer.

Øvelse 11 Hvid magi – en Fredsmeditation

Vi vil i denne øvelse have en intention om at skabe fred på jorden.

1. Luk øjnene, træk vejret dybt og slip alle tanker, der dukker op

2. Forbind dig med det højeste. Det kan være det højeste symbol du kender, måske et billede. Eller det kan være et ord, kald det Enheden, Kilden, eller hvad der passer for dig.

3. Mærk, at du er ét med denne energi, det symbol, den værenstilstand.

4. Forbind dig med et universelt felt af fred. Du kan forestille dig, at der findes et sådant alt gennemtrængende felt på samme måde som kvantefelter og plasmafelter gennemtrænger universet. Se det eller mærk det, eller brug ordet fred. Gør som det føles rigtigt for dig.

5. Hold energien nogle minutter. Mærk eller forestil dig, at du er en del af feltet, at du måske mærker noget i kroppen, eller ser noget.

6. Uanset om du har set eller mærket noget, har du kaldt på de skabende, fredfyldte kærlighedskræfter, der ligger bag alt. Hav tillid til, at det virker.

7. Slut med at sige tak for samarbejdet.

Fra åndelig side er der i denne tid stor bevågenhed omkring Jorden. Mange åndelige væsener resonerer med den vågnende højere bevidsthed på jorden, og der udtrykkes glæde over enhver form for samarbejde. Formålet med dette kapitel har været at inspirere og initiere et sådant samarbejde.

Kapitel 9

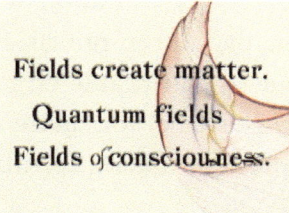

VACUUM ER DET VIGTIGE
DET TOMME RUM ER DET VIGTIGE
Holger Bech Nielsen
Professor i fysik

9   Naturvidenskab og Spiritualitet smelter sammen

Det igangværende skifte i evolutionen kræver et nyt og mere omfattende verdensbillede. Millioner af mennesker verden over har erfaringer med energi og bevidsthed, der marginaliseres, fordi de ikke kan rummes i det naturvidenskabelige paradigme.

Det samme gælder, når vi ser på to af bogens røde tråde: sundhed og samskabelse. Eksempler som cellekommunikation og spirituel ledelse ligger uden for naturvidenskabens område, men er begge dele kraftfulde værktøjer i skabelsen af fremtiden på Jorden.

Det samme gør sig gældende med healing og fjernhealing, shamanisme og meditation. Det er livsområder, der handler om at arbejde med bevidsthedsfelter, og det er præcis feltforståelsen, der skal binde naturvidenskaben og spiritualiteten sammen i et nyt verdensbillede - en enhedsforståelse. Feltforståelsen er allerede højt udviklet inden for både naturvidenskab og spiritualitet.

De forunderlige Kvantefelter

Fysikerne står med en nøgle til det nye verdensbillede i form af kvantefeltteorierne. Kvantefelterne er forbindelsesleddet, så lad os tale lidt mere om dem.

Alt stof i universet er skabt ud af kvantefelter, direkte eller indirekte. Elektroner og quarks er skabt af kvantefelter, som igen danner neutroner og protoner. Det er feltet, der er det grundlæggende, det egentlige, det skabende.

Kvantefelterne er magiske. De rummer energi, endda ved det absolutte nulpunkt, hvor alt i en klassisk forståelse burde gå totalt i stå. Fysikerne kalder denne energi for nulpunktsenergien, og man taler om nogle bevægelser, der kaldes kvantefluktuationer.

Navnet kvantefluktuationer dækker over, at virkeligheden ikke går i stå, heller ikke ved det absolutte nulpunkt. På kvanteniveau er naturen som en evigt boblende suppe af energi og partikler, der konstant skabes og opløses. I vacuum ved det absolutte nulpunkt opstår og forsvinder partikler konstant i et kaotisk skiftende mønster. Sådan siger fysikerne, og fluktuationerne kan måles.

Det afgørende skridt er nu at fortolke dette, for det peger på, at kvantefelterne ikke blot er en almindelig fysisk struktur, men at de rummer en dynamisk, skabende kraft.

Fysikerne beskriver kvantefelterne som fundamentet for al eksistens, men de afviser at svare på det spørgsmål, der ligger lige for: Hvis alt udspringer af disse kvantefelter, hvad er da felternes egentlige natur? Hvad er det for et liv, de gemmer på? Men det er ikke fysikernes opgave at svare, for svaret ligger uden for deres fagområde. Sir Roger Penrose har dog ikke kunnet lade være, (Penrose 2013).

Svaret ligger lige for. Det er klart for den, der tør tage skridtet, og jeg har sagt det før:

Kvantefelterne er levende bevidsthedsfelter

Den boblende kvantesuppe er fysikernes udtryk for en skabende bevidsthed, og den fortsatte udforskning af de naturlige spørgs-mål handler om bevidsthedsforskning i form af arbejdet med den højere bevidsthed.

Dette åbner for det nye verdensbillede, hvor bevidsthed er det egentlige grundstof. Bevidsthed er ikke sammensat af noget andet, og alt er skabt af bevidsthed på kvanteniveau.

Dette kvanteniveau er et skabende og opløsende hav af energi og bevidsthed. Der fødes stof ud af tomheden, og det absorberes igen i en evig dans af mulighed og manifestation.

Her vil jeg understrege, at vi taler om en højere bevidsthed. Den er multidimensionel, den er langt mere end vore tanker. Den omfatter sjælsuniversets tolv dimensioner og et åndsunivers, der rækker ud over tid og rum.

Bevidsthed

Det nye verdensbillede fortolker kvantefelterne som en skabende bevidsthed, der ligger til grund for den fysiske verden. Bag den fysiske eksistens ligger et kvantefelt, som er et bevidsthedsfelt, og vi kan forbinde os med det ved hjælp af vores højere bevidsthed.

Når vi skal bygge det nye verdensbillede på bevidsthed, må vi stille spørgsmålet: hvad er bevidsthed? Eller må vi? Et grundlæggende begreb som tid kan ikke defineres ud fra noget andet.

Tilsvarende kan bevidsthed ikke defineres objektivt, uafhængigt af os, for vi er en del af den. Vi er ikke adskilte iagttagere, men deltagere i et levende, bevidst univers. Vi må derfor knytte definitionen til vores sanser.

Bevidsthed kan defineres som det, vi kan blive bevidste om gennem vores sanser. Og det omfatter også højere sanser såsom intuition, clairvoyance, og den indre energetiske sansning, vi kan opleve i meditation og indre dialoger.

Naturvidenskaben er en naturlig del af det nye bevidsthedsunivers, men begrænser sig til den fysiske manifestation. Superstrengteorien arbejder med ni rumlige dimensioner i et forsøg på at forene alle fundamentale kræfter i universet i én samlet teori, kendt som "teorien om alting". Her er matematikken yderst kompliceret, men kvantefeltteorierne er et smukt kig ind i bevidsthedens natur i de høje lag, hvor det gamle og det nye verdensbillede forbindes og smelter sammen.

Denne bog er en udvidelse af fysikernes forskellige verdensbilleder. Alt hvad vi har opfattet som en rent fysisk verden, er besjælet af bevidsthed. Alt. Fra quarks og atomer via blomster og sten til stjerner og galakser. Det er denne indre bevidsthed, der er den egentlige eksistens, og det er netop derfor, kontakten med disse dybere lag beriger vores forståelse af os selv og universet."

Indre kontakt

Kvantefelterne er bevidsthed, og vi kan derfor forbinde os med dem og med den energi, der findes i kvantefeltet. Det kræver, at vi bevidst tuner ind på kvantelagene 10-12 d, som det sker i kvantehealing, kvantefeltmeditation og præcis det, jeg selv har oplevet i mine sanserejser.

Et eksempel kommer her fra en rejse i 2023. Den kan læses mentalt, som en rejse gennem tiende til tolvte lag i bevidstheden, hvor vi kan se opløsningen finde sted. Den kan også læses langsomt, som en energirejse, hvor du mærker energien i de tre lag og lader din bevidsthed bevæge sig med dem.

Forbundet med den jeg er, i alle lag og alle dimensioner
fokuserer ind på bevidstheden i tiende lag
forbinder mig med elektronerne
jeg er elektronerne
jeg er kvantefeltet bag elektronerne
bevidsthedsfeltet
elektronernes kollektive bevidsthedsfelt
som også er et eterisk felt
eter-elementet

Træder videre ind i elvte lag
de fleste kvantefelters verden med elementarpartikler
det universelle kvantefelt gennemtrænger alt
jeg er dette kvantefelt
uendeligheden
opløsning

Forbundet ind i tolvte lag
kosmos
de hellige quarks
forbundet til de hellige partikler
de er i resonans med Mahatma
syntese.

Det eksistentielle

Lad os se lidt mere på det nye verdensbillede ud fra denne korte rejse, for det er magisk, hvad der sker, og det viser noget alment gyldigt.

Jeg bliver ét med elektronerne og det tilhørende kvantefelt. Og der står, at dette kvantefelt er et bevidsthedsfelt, og at det er eter- elementet.

Det er ikke dækkende at sige, at en elektron har bevidsthed. Kvantefeltteorierne fortælles faktisk sandheden: Det er feltet, der skaber stoffet. Det er feltet, der er det egentlige. Det er feltet, der er elektronen. Derfor kan jeg forbinde mig med den.

Dette er eksistentielt vigtigt. At det er feltet, denne bevidsthed, der er elektronen. Feltet er dens egentlige identitet. Elektronens sande væsen er, at den er et felt, en bevidsthed, og det er dette felt, fysikerne omtaler som et kvantefelt. De fysiske elektroner, der findes overalt i universet, er alle sammen manifestationer af dette ene kvantefelt.

Magien rækker videre, for rejsen fortæller, at jeg er elektronen. Her integrerer jeg elektronernes bevidsthedsfelt som del af min eksistentielle rejse. Jeg integrerer sjælsbevidstheden i 10 d, idet vi smelter sammen.

Dette mønster gentager sig i 11 d. Her oplever jeg at være det universelle kvantefelt, der består af de mange kvantefelter, hørende til hver enkelt type af elementarpartikler. Der sker en sammensmeltning med dette kvantefelt, og det er en integration af det elvte lag i bevidstheden. Dette er ikke noget, der sker lokalt i en krop, for kvantefelterne er uendelige. Det er en opløsning af det lokale, det personlige. Jeg oplever det som en total opløsning.

Det her transcenderer naturvidenskaben som selvstændig disciplin, og flytter den ind som en del af et bevidsthedsunivers. Det er en opløsning af naturvidenskabens krav om objektiv videnskab, for vi er en del af det, vi undersøger. Og det vi undersøger, er bevidsthed.

Subjekt–objekt–adskillelsen opløses, fordi vi er i færd med at undersøge os selv, forstået som bevidsthed. Eller fordi virkeligheden er bevidsthed. Vi er bevidsthed, elektronerne er bevidsthed, og de er en del af den, vi er, både fysisk og bevidsthedsmæssigt.

Ny Empiri

Sammensmeltningen skete som en naturlig hypotese i forlængelse af kvantefelternes opførsel i det tomme rum. Denne tolkning er naturlig, når vi ser det hele i forlængelse af bevidsthedsrejserne i denne bog.

I det nye verdensbillede er disse rejser vigtige erfaringer. De er en ny form for empiri. Vi er trådt ind i et bevidsthedsunivers, og undersøgelser må derfor ske med bevidstheden. Den nye form for empiri knytter naturvidenskaben til det større verdensbillede, til en del af Det Nye Univers, som er et bevidsthedsunivers.

Bevidstheden kommer bag om eller rundt om nogle af naturvidenskabens begrænsninger.

Det er bevidstheden, der ligger på "den anden side" af Big Bang som altings årsag. Det er en bevidsthed, som rækker uden for tid og rum. Det er en levende, skabende bevidsthed, der gennem alle tider har fået navnet Gud, men som nu bliver til en del af vores erfarings-verden og eksistens.

Det er et nyt verdensbillede, der udfolder sig på denne måde, og for mig er det funderet i en form for empiri. Som før nævnt er der mange, der kan gøre sådanne erfaringer. Det giver panpsykismen et empirisk fundament, og det åbner for det verdensbillede, jeg kalder Det Nye Univers, som udfoldes yderligere i næste bind af trilogien.

Vi kan ikke bevise et verdensbillede, ligesom fysikerne ikke kan bevise kvantefysikken, relativitetsteorierne eller kvantefeltteorierne. Vi har aldrig den endelige sandhed.

Enhver teori har et gyldighedsområde, og styrken ligger altid i forklaringsværdien, at de fungerer inden for deres område. Det gælder, hvad enten vi taler om kvanteteori i mikrokosmos, generel relativitetsteori i makrokosmos, eller Det Nye Univers som et bevidsthedsunivers.

Naturvidenskaben har med det nye verdensbillede fortsat sin vigtige placering og funktion for menneskeheden, ikke mindst i forhold til at bygge bro fra bevidsthedsuniverset til den fysiske verden med den teknologi, der til alle tider danner et grundlag for vores fysiske eksistens. Men der vil efterhånden blive tilføjet mange nye bevidsthedsteknologier, som det allerede er vist i denne bog inden for sundhed og samskabelse.

Broen – et resumé

Jeg slutter kapitlet med en oversigt, der viser, hvordan det fysiske verdensbillede langsomt glider over i bevidsthedsuniverset. Det sker i kvantelagene 10 d, 11 d og 12 d, som udgør en bro fra det fysiske verdensbillede til Det Nye Univers, og broen til vores forbindelse til åndsuniverset.

I de første ni bevidsthedslag fungerer den klassiske fysiks tænkemåde:

Determinisme

Årsag – virkning

Virkeligheden ser ud til at være opbygget af partikler – men partiklerne er besjælede, de har bevidsthed. Der ligger et bevidsthedsfelt bag alt, i alt.

På Perron 9 ¾ afgår toget til Hogwarts, som er skolen, hvor der undervises i magi.

Magien finder vi i kvanteverdenen, i 10-12 d.

10 d er elektronernes og kvantefysikkens område. Partikel–bølge dualiteten hører hjemme her. Elektronen manifesterer i nogle sammenhænge som en partikel og i andre sammenhænge som en bølge, med interferensmønstre. Først når vi observerer den, bliver den lokal, til en partikel. Dens egentlige eksistensform er en bølge, et kvantefelt.

I kvantefysikken ophæves ideen om den objektive iagttager på den måde, at iagttageren ikke kan adskilles fra forsøget. Iagttagelsen påvirker forsøgets udfald. Vi er en del af forsøget og kan ikke holde os udenfor som en objektiv iagttager.

I 11 D optræder kvantefelterne. Kvantefeltteoriernes vigtigste konsekvens er, at kvantefelterne er universets grundlæggende bestanddele. Partikler opstår ud af felterne, og felterne er uendelige i udstrækning, de gennemtrænger hele universet. Forbindelsen mellem kvantefysikken og bevidsthedsuniverset kommer af den velbegrundede antagelse, at kvantefelterne er bevidsthed.

I 12 D finder vi de forunderlige quarks. The quarks er i resonans med åndsenergien Mahatma, og samtidig er de som tidligere nævnt grundlaget for alt fysisk stof: tre quarks danner en proton, og tre quarks danner en neutron. Protoner og neutroner udgør bestanddelene i kernen af alle grundstofferne i universet.

I evolutionens perspektiv er menneskeheden på en lang udviklingsrejse, og denne udvikling går nu så hurtigt, at vi kan mærke forandringen i løbet af et enkelt menneskes liv. Når vi ser vores liv i det perspektiv, bliver det en udviklingsrejse, som er en proces dybere og dybere ind i os selv, hen mod at blive den, vi egentlig er.

Rejsen kan foretages på mange måder.

> Det er en rejse gennem makrokosmos
>
> Det er en rejse gennem mikrokosmos
>
> Det er en rejse gennem Stilheden, Tomheden og Intetheden.
>
> Det er en rejse gennem kvantefysikkens filosofi med partikelbølge dualitet til kvantefeltteoriernes filosofi, hvor alt er felter.

Rejsen fører til erkendelsen af, at alt har bevidsthed, og at vi kan integrere hvert bevidsthedslag i vores egen bevidsthed. På den måde erfarer vi, at alt er bevidsthed.

Endelig er der nogle, der foretager rejsen i et spring, uden at få bevidst kontakt med sjælsuniversets mange lag. Det har jeg tidligere omtalt som at tage elevatoren.

Uanset hvordan vi rejser, fører det os til en overgivelse til det guddommelige, til noget der rækker ud over tid og rum. Det leder os til en levende bevidsthed med en skaberkraft, en skabervilje og en healingsevne, der overgår alt, hvad der hidtil har været kendt på jorden. Vi begynder at blive en del af skaberværket.

Det lyder stort, og det er stort, men jeg ser det bekræftet i det, der bliver sagt af mange spirituelle lærere. Først og fremmest mærker jeg det indefra, at det er kroppens sandhed. Alle bevidsthedsrejser har et kropsligt aftryk, og jeg mærker, at jeg løbende forandrer mig. Det gælder fysisk, og mest af alt får jeg en dybere og dybere glæde over at være den, jeg er. Det er en glæde og en dyb ro, som andre mærker.

Kapitel 10

DU SKAL VIDE, AT DET ENESTE, DU SKAL GØRE,
ER AT GØRE INGENTING I ALT, HVAD DU GØR
Jørgen Finnemann 2023

10 Overgivelsens natur
og helbredende kraft

Vi nærmer os grænsen for den menneskelige formåen, den endelige integration af det 12-dimensionelle sjælsunivers, og her ville bevidsthedsudviklingen stoppe, hvis vi levede i et lukket univers. Men vi har hele tiden talt om et åndsunivers, om Ånden, Kilden, Det Guddommelige, og at vores univers er åbent.

Det betyder, at der er et næste skridt. Dette skridt er markant anderledes end at bevæge sig op ad de tolv trin på bevidsthedstrappen, som vi har gjort gennem hele bogen. I stedet for handler det om at kaste trappen bort. Det er en overgivelse til erkendelsen af, at der findes noget endnu større og fundamentalt anderledes.

10.1 Overgivelsens Magi

Overgivelsens Magi er en magisk kraft af ukendt styrke. Det er en kraft, som transformerer den enkelte, og som vil forvandle jorden i de kommende år. Det er en kraft, en energi, der formidles gennem de mange mennesker, der går dybere og dybere ind i processen med åbenhed og parathed til at møde det, der kommer.

Men hvad er overgivelsens magi, hvad er det, som kommer?

Overgivelsens Magi er en åbning mod kilden bag eksistensen. Det er en åbning mod det åndsunivers, som er indlejret i hvert eneste menneske, dyr, blomst og sten. Ja, i hvert eneste atom i universet. En åbning ud over det tolvte bevidsthedslag. En alt gennemtrængende bevidsthed tager sin plads.

Jeg har især været i kontakt med åndsuniverset i form af Mahatmaenergien og et såkaldt Mark-felt. De to felter omtales på næste side og i appendix 1. Åndsuniverset rækker ud over vibration, ud over det bevidsthedsfelt, der er knyttet til det fysiske univers, ud over det, vi har kaldt et 12-dimensionelt sjælsunivers, ud over Nielsens Bevidsthedsmodel.

Der er intet magisk i dette. Det er blot et nyt og større univers med en anden logik, end den vi er vant til i det jordiske liv. Der findes kosmiske bevidsthedsfelter og der er love for energi og skabelse, som vi skal se på her og udfolde i næste bind.

Overgivelsen er en åbning, der sker ved at slippe al anstrengelse, al forståelse og træde ind i feltet i åbenhed og accept af vores egen begrænsning. På den måde giver vi over til, at der er andre og større kræfter, vi kan åbne til i tillid. Vi kender det i lille målestok som de almindelige tillidsøvelser, hvor vi lader os falde bagover i tillid til, at der er venner, der griber os. Nu er vennerne blot usynlige og faldet ikke fysisk.

Men hvad er det så?
Hvordan foregår det?
Hvordan overgiver vi os?

Jeg vil omtale tre veje
- Min personlige rejse
- Kræft som indre åbning
- Spontane åbninger

Mark og Mahatma

Jeg har fået den første bevidste kontakt med åndsuniverset via Uffe Bang i årene 2013-18. Uffe var linjeholder for den bevidsthed, jeg tidligere har omtalt som Mahatma. I sanserejserne fik jeg kontakt til dette felt gennem en overgivelse, hvor jeg forbandt mig med Mahatma via ordene "I Am Mahatma". (Bang 2020).

De tre ord betød en dybere forbindelse; et kim blev lagt i dybe lag af min bevidsthed. Jeg er dermed knyttet til denne energi, og det skulle vise sig, at den ville blive aktiveret nogle år senere. Det skete i en proces, jeg vender tilbage til i bind 2, da den ikke er afsluttet i skrivende stund.

Denne dybere åbning til Mahatma er blevet forberedt gennem et fælles arbejde med en lille gruppe, der har fulgt Jonette Crowleys Mark-kanaliseringer. Mark er navnet på et universelt bevidstheds-felt, jeg opfatter som et søsterfelt til Mahatma. Det er et felt, der rækker uden for tid og rum, men af en anden karakter end Mahatma. (Crowley 2025).

I Mark-meditationerne er en stor gruppe mennesker samlet på zoom. I dyb meditation bliver vi bragt i kontakt med et alt favnende felt. Det er et felt, der rækker uden over vibration og ind i alle lag af sjælsuniverset. Når vi er uden for vibration, er vi i et felt, hvor der hverken er ord eller billeder. Der er intet andet end væren, og at være dér i sin bevidsthed, åbner til alt. Og vi identificerer os med at være dette felt.

Det er magiske processer, der arbejder i den kollektive bevidsthed. Samtidig er det en proces i alle os, der deltager direkte. Energien træder ind i kroppen, ind i mikrokosmos, ind i vores organer, celler, atomer og kvantelag. Den fylder vores bevidsthed. I bevidstheds-modellens sprog kan vi sige, at quarks virker som antenner eller re-ceptorer for åndsenergien. De er i resonans med åndsenergien, med Mahatma, og nu også med Mark-feltet. Og alt dette er blot mange ord om noget, jeg ikke kan forklare i sin fulde betydning, for jeg kender den ikke.

En nat i 2023 skete dette.

> Jeg mærker en energi træde ind i min krop, Jamen, er det ånds-
> energien? Ja, for herefter mærker jeg et dybt arbejde i kroppen,
> og det sker hver gang jeg lukker øjnene og siger eller tænker på
> ordet overgivelse. Jeg gør intet andet end det.

Blot jeg har intentionen om at åbne mod denne kraftfulde energi, er
den der. Og hvad betyder det?

Overgivelsen

Ord er for små til at beskrive det. Vi taler om skabelsens kilde, livs-
kraften bag alt, i alt. Menneskeheden har i årtusinder været lukket
inde i det 12-dimensionale sjælsunivers, fordi kroppen ikke har
kunnet bære mere, når vi samtidig skulle leve et fysisk liv. Kosmisk
bevidsthed, forstået som en væren et med universets samlede be-
vidsthed, har stået som det ultimative. Det ændrer sig med kontak-
ten til åndsuniverset.

Åndskræfterne er skabende i deres natur. De er også stærkt helende
og bærer kærligheden i sig som en essens, den egentlige ubesmitte-
lige kærlighed.

I mødet med disse kræfter er kunsten at lade energien få lov til at
arbejde frit i os og gennem os. Vi kan trygt lade healingskræfterne
virke, de ved, hvad de skal og de finder deres vej. Det nye er her, at
vejen ikke består i at føre kroppen tilbage til den perfekte krop, som
den var engang. Nej, det drejer sig om at skabe en ny krop, der er i
stand til at være i resonans med de nye energier. Det er en rekali-
brering af kroppen.

Denne nye krop er også perfekt, men på en måde, vi ikke kan tænke os til. Mennesket er under forvandling, og det sker både bevidsthedsmæssigt og fysisk. Jeg har fået en række indsigter om mit eget liv og om betydningen af overgivelsen. Den er ikke blot vigtig for healing af kroppen, men også afgørende for en forandring af livsperspektivet.

Jeg har fået disse indsigter i form af indre dialoger. Her bringer jeg to, hvor jeg kontakter specifikke områder i kroppen. Det er mine øjne og mit hjerte, to områder, hvor jeg er udfordret.

Indre dialog med øjnene.

15.9.2023

Jeg forbinder mig med mine øjne.
Øjne, kan vi tale sammen, nu er jeg her med diktafon.

Ja kære Jørgen, det er det, vi bad dig om. For som vi sagde, er det her en energimæssig forbindelse, der skaber belivelse og forbindelse mellem de højere lag, som du er forbundet til og så os, dine øjne, som du lige nu har forbundet dig særligt til, dvs. rettet din opmærksomhed imod. Du har dermed givet særlig retning til de høje energier.

Og vores forbindelse er også en bevidsthedsforbindelse. Du sanser og italesætter strukturer i vores energi, og det er det fænomen, der gør, at du tilskriver os bevidsthed. Du kalder vores eksistens for en bevidsthed, fordi vi kan tale sammen som nu. Det er genialt, men samtidig er det også en begrænsning i den verden, du lever i.

Du vil senere se den begrænsning blive opløst helt. At alt er energi, i vibration og uden vibration i den rene væren. Og det er dette syn på verden, der vil helbrede dig helt fysisk, også det syn, som vi er et udtryk for.

Du må aldrig glemme dette.
Skriv det ned og vid, at det er det egentlige perspektiv.
Det perspektiv, som du styrker med din Mark-gruppe.
Vi hilser dig i glæde og taknemmelighed for dette.

Personligt er det stærkt at høre, at kontakten til det store felt vil helbrede synet. Og den afgørende transformation er endda ikke sket på dette tidspunkt, i 2023.

Få dage senere går jeg videre.

Indre dialog med hjertet

Stiller ind på hjertet.
Kære hjerte, kan vi tale sammen?

Ja Jørgen
men du ved jo selv det hele
der er intet mer at sige
der er intet at gøre andet end den rene væren
denne væren helbreder alt

Overgivelsen til den sande kraft
det er mysteriet bag ved alt
der er kun at åbne til denne livskraft

lad den virke i alle lag og alle dimensioner

Det er hjertet i alt
herfra udspringer glæden
herfra lever den sande kærlighed
herfra er der intet ondt eller godt
alt er den rene kærlighed

Du kan hvile i dette og vide, at det eneste, du skal gøre, er at
gøre ingenting i alt, hvad du gør. Blot "go with the flow", så er
det ikke dig, der gør noget, det er energien, der arbejder i dig
og gennem dig.

Læg dig i sengen og vær i denne energi
Vi takker, at du kom på denne måde

Det er stærke og smukke ord at modtage. Ikke mindst at få at vide,
at alt kan helbredes i denne energi. Og det gælder alle.

For mig er det to eksempler på spiritualitet. Gudsforholdet er per-
sonliggjort. Ingen religion. Der er direkte kontakt til guddommelige
kræfter, og troen er opbygget gennem personlige oplevelser.

10.2 Kræftens Gåde

Kræft er et kald til os alle.

Jeg har aldrig fået konstateret kræft, men i 1990'erne havde jeg
mange drømme om kræft: om at have kræft, om at blive helbredt

for kræft og om, hvad kræft er og betyder for den enkelte og for kollektivet. På et tidspunkt havde jeg også et modermærke, der var lidt livligt og kløede. Det var som om jeg skulle testes, for tanken om kræft dukkede straks op.

I 1991 drømte jeg, at et åndeligt menneske ikke har kræft, og at fuldstændig helbredelse af kræft handler om spiritualitet. Det var en længere drøm, der betød, at mine indre processer skiftede karakter. De ændrede sig fra det psykologiske niveau til spirituelle processer. Og hjemme begyndte vi at tale om spirituel psykoterapi.

I dag kan jeg bedre forstå drømmen. Et åndeligt menneske er et menneske, der har åbnet sig ud over sjælsuniversets 12 dimensioner. Det vil sige længere ind i cellerne og atomerne end stoffets mindste dele. Helt ind til Kilden. Der er åbnet til de livskræfter, som overgivelsens magi åbner op for. Denne åbning er kræftens gåde, og det er kræftens kald.

Det er et kald til den enkelte, og det er et kald til sundhedsvæsenet, sundhedsforskningen og menneskeheden i sin helhed. Kræft rummer det ultimative kald i sig:

> Der er kun én vej til sand helbredelse, og det er at åbne til bevidsthedens helbredende kraft, som er indlejret i hver eneste celle.

Det er i overensstemmelse med de erfaringer, Caroline Myss har beskrevet i sin bog *Ophæv Tyngdekraften* (Myss 2010). Det vender jeg tilbage til i næste kapitel.

10.3 Spontane oplevelser

Der er en tredje vej til overgivelse. Det kan ske helt spontant, uforberedt, tilstræbt eller ej, som et pludseligt møde med åndsenergien. Det kan ske i form af et indre møde med en religiøs skikkelse som Jesus, og det kan ske mere upersonligt, som et felt, der spontant åbner sig.

Komikeren Casper Christensen fortæller således, at han øjeblikkeligt slap af med en tung skyldfølelse, da han bad en bøn ude i skoven. Han henvendte sig direkte til Jesus uden at tro på, at det virkede. Men han gjorde det, og det virkede. Og det har været livsforandrende. (Christensen 2023).

Han fortæller om det guddommelige øjeblik, hvor skylden og skammen forlod hans krop. Han beskriver det således: "Efter det havde jeg det bare sådan: okay, så kan de sige, hvad de vil, eller man kan kalde det, hvad man vil, men det her virker for mig".

Disse spontane indre møder med Jesus er livsforandrende for dem, der oplever det, og de har intet med religion at gøre. Jo, det er den samme Jesus – skikkelse, men det afgørende er, at oplevelserne bliver til en direkte, indre forbindelse med Jesus, et direkte Gudsforhold, en direkte kontakt med den guddommelige skabende og helende kraft, kaldet Kristus – energien.

For Casper Christensen førte det øjeblikkeligt til et andet liv. Et liv uden den følelse af skyld og skam, der havde fulgt ham, og en spontan ny indre kontakt.

Jan's halsbetændelse

Overgivelsen kan også virke i forhold til sygdomme, helt enkelt, spontant.

Få dage før hjemrejse fra Kreta er Jan ved at få halsbetændelse. Han kender til det, og han plejer at kunne få det væk, men denne nat kunne han ikke, og alle mulige tanker går i gang midt om natten. "jeg ved ikke, hvad jeg skal gøre" siger han til Annasofia. Og i samme øjeblik bliver han rask. Symptomerne er væk, helt væk. Og han undrer sig - og glæder sig. Et livsmønster er brudt og en erfaring er gjort én gang for alle.

Helbredelse – hvad gør vi

Overgivelsen er livsforandrende. Det er en ny måde at opleve verden, det er nyt verdensbillede. Og overgivelsen rummer helt nye muligheder for selvhealing, sådan som Jan oplevede det og som jeg beskrev det i forbindelse med kræftens kald og kræftens gåde.

Men det er ikke alle, der bliver helbredt gennem overgivelse. Der er timing i livet. Der er forberedelser, der skal gøres, og der er energimæssige forhold, der betyder, at ikke alt kan løses på én gang. Bevidsthedsniveauerne i sjælsuniverset kan være præget af blokeringer, der kan hindre og forsinke helbredelse eller medføre tilbagefald. Centrale traumer og selvdestruktive livsmønstre kan gemme sig i alle niveauer.

Det kan derfor være afgørende at sætte fokus på at hele vigtige bevidsthedsniveauer som organer, celler, atomer og kvanteniveau. Det indre arbejde med kontakt til disse niveauer er en forberedelse til, at vi i overgivelsen kan åbne for, at den helbredende kraft får lov til at virke ind i det fysiske.

Overgivelsens eksistentielle aspekt vender vi tilbage til i kap. 12, men inden skal vi tale mere om kræft:
Hvad er kræft?
Hvad vi kan gøre?
Hvordan overgivelsen kan forberedes?

Kapitel 11

KRÆFT ER ET KALD OM AT TAGE SIG SELV ALVORLIGT
Jørgen Finnemann

11 Kræftprocessen

Kræft er en kollektiv sygdom. Vi har alle mødt den i os selv eller hos en, vi kender. Kræft bliver ofte forbundet med tanker om døden og en angst for døden. Hvordan håndterer vi det?

11.1 Kræft, hvad gør vi

Et virksomt middel mod angsten for kræft er at se sygdommen i et udviklingsperspektiv. Den rummer muligheder for vækst. Vi kan finde ind til disse muligheder ved at betragte sygdommen som et kald fra vores indre. Omtalen af de funktionelle lidelser i kapitel 3 er et eksempel på denne indfaldsvinkel, og Arnold Mindell introducerede denne forståelse med den procesorienterede psykologi.

Mindells filosofi er, at alle symptomer er udtryk for en sekundær proces, der prøver at komme igennem. Han har udviklet en omfattende psykologisk teori og skabt en praksis, der bygger på at forstærke symptomerne for at få budskabet igennem. Og det har en helbredende effekt. (Mindell 1995)

Hvad betyder det for vores tilgang til kræft?
Det korte svar er, at når vi forbinder os med kroppens organer, celler eller atomer er det en måde at lytte til kroppens signaler. Samtidig er det en belivelse af kroppen.

Ved mange sygdomme kan det være tilstrækkeligt at forbinde sig til cellerne eller det atomare 8 d-niveau. Men det ultimative svar i forhold til kræft er at supplere dette med overgivelsen. Det indebærer at slippe al forståelse og anstrengelse og gå ind i en indre overgivelse ud fra en overbevisning om åndskræfternes helbredende potentiale. I forrige kapitel kaldte jeg dette skridt for kræftens gåde og kræftens kald.

Men vi kan gøre mere end det. Vi kan forberede os på forskellig vis, for kaldet rummer mere end overgivelsen.

Kræft handler også om polaritet, om ubalance i nogle celler, som om de har adskilt sig fra kroppens overordnede strukturerende system og begyndt at leve deres eget vildt voksende liv. Kroppens naturlige homøostase er brudt.

Udgangspunktet for at håndtere kræft er derfor at sætte fokus på at genoprette den indre balance og styring, altså at bringe kræftcellerne tilbage til kroppens helhed. Det er min dybe overbevisning, at det som ved al sygdom kan ske ved at gå tilstrækkeligt dybt i bevidsthedsarbejdet, herunder overgivelsen.

Når vi ser kræft som et kald og som en udfordring, appellerer det til, at vi handler. Her følger nogle anvisninger på, hvad vi konkret kan tage fat på. Det er henvendt til alle, især dem, der har kræft, men kræft er en kollektiv sygdom, tankeformen kræft er kollektiv, og healingsprocessen kan gennemleves af alle.

11.2 Tankeformen kræft

Du er ikke offer, og du har ikke gjort noget forkert.

Men lyt.

Lyt indad og bed om hjælp hos mennesker, der ikke har ondt af dig. De ser dig ikke som offer, de har medfølelse med dig, og de ser dig som et menneske med en udfordring.

Kræft betyder, at der er noget, du skal se. Noget, du skal få øje på. Der er noget i dit liv, der skal forandres. Og det første og vigtigste kan være følgende.

Tankeformerne:

> Se kræft som et positivt kald indefra.
> Lyt indad. Lyt til dine drømme.
> Undersøg din psyke.
> Ser du dig selv som offer?
> Kan du nogle gange være præget af skyld og mindreværd?
> Skyld og mindreværd kan ryddes ud.
> Tilgivelse og selvaccept er svaret.
> Du er elsket.
> Tro på det.

Og næste skridt kan være dette:

> Tal med dine celler, sådan som jeg beskrev det i øvelse 1.
> Cellerne kender sandheden om dig.
> Det er helbredende at tale med dem.

Når vi taler med vores celler, sker der noget energimæssigt i kroppen. Vi åbner til nye kanaler for energien. Og det i sig selv er i mange sammenhænge helbredende. Og i alle tilfælde er det støttende for kroppen.

Det andet aspekt i dialogen med vore celler er, at vi kan få svar på alt vedrørende vores liv, ikke mindst om vores sundhed og helbredelse. Det vigtige er at åbne for en ærlig dialog, der ikke er præget af frygt eller specifikke ønsker, men kun et overordnet ønske om et godt, sundt liv i kærlighed. Være åben for, hvad dialogen bringer. Stil åbne spørgsmål som "Hvad kan jeg gøre?" eller "Har I noget at fortælle mig?"

Her kan der opstå tanker i retning af

> "Det kan jeg da ikke" eller
> "Det her tror jeg ikke på " eller
> "det fortjener jeg ikke."

> Jo, du kan
> Jo, det er sandt
> Jo, du fortjener det
> Det er din fødselsret
> Det er vejen mod helbredelse.

Og som tidligere skrevet består det ultimative skridt i overgivelsen. Den er så smukt beskrevet af den amerikanske forfatter, healer og spirituelle lærer Caroline Myss.

11.3 Caroline Myss

Caroline Myss spørger i sin bog *Ophæv Tyngdekraften*, hvem der bliver helbredt for alvorlige sygdomme som kræft og hvem, der ikke gør? Hvad er forskellen? Hun har fundet et svar ved at tale med mennesker, der har fulgt hendes undervisning (Myss 2010).

Hun fortæller, at i sidste ende er helbredelse resultatet af en mystisk overgivelse, og hun uddyber, hvad denne overgivelse er.

Hun skriver:

> De mennesker, der har beskrevet deres helbredelsesproces for mig, har mange forestillinger og holdninger til fælles. Det, der måske var allermest afgørende for dem, var erkendelsen af, at

det var nødvendigt at opgive behovet for at vide, hvorfor tingene skete, som de skete.

De mennesker, jeg kender, som har oplevet at blive helbredt, fortalte mig, at de var i stand til at løsrive sig fra deres tidligere gudsbillede. Faktisk kunne de give slip på alt muligt. Deres gamle sår, deres behov for at have ret, deres trang til at vinde og deres ønske om at vide, hvorfor tingene skete, som de gjorde i deres liv.

Jeg indså, at helbredelse ikke er et spørgsmål om visualiseringer, hellige olier, bearbejdning af gamle sår, at tænde lys eller noget andet. I sidste ende er helbredelse resultatet af en mystisk overgivelse og en opvågnen, der rækker ud over alle religioner.

Og lidt senere i bogen

…at helbredelse i sidste instans er en mystisk erfaring, man ikke kan opnå gennem mentale manøvrer. Ved mystisk forstår jeg, at der kræves indgriben af en højere magt, opfyldt af guddommelig vilje, for at vi helt kan genvinde helbredet, navnlig i de håbløse tilfælde. Det spiller ingen rolle, om personen definerer den højere magt som Gud, Ånd eller Nåde.

Det kan næppe siges smukkere.
Jeg vil slutte med endnu et citat af Caroline Myss (Myss side 22):

"Jeg begyndte at indse, at mine tilhørere længtes efter en konkret mystisk erfaring, eller efter at komme så tæt på, som de kunne. De ønskede ikke at høre mig fortælle om Sjælens Slot, de ville træde ind i deres eget."

Herefter laver hun en magisk rejse med 800 tilhørere. Hun opbygger, hvad hun kalder et nådesfelt, og skaber på den måde et magisk felt, hvor helbredelse kan ske.

Jeg vil tilsvarende afslutte kapitlet med en øvelse om at træde ind i Sjælens slot. Den er fra Elsebeth Karsholts seneste bog: *Ny Virkelighed – Ny Bevidsthed* (Karsholt 2024).

Øvelse 12   At være kærlighed

1. Du trækker vejret dybt, mærker din krop, fokuserer på dit hjerte.

2. Mærk dit hjerte som en lotus, der åbner sig ud i det uendelige. Mærk din hjerteåbning, dit hjertefelt.

3. Du er en del af det tidløse kærlighedsfelt. Du får en følelse af evighed, der er ingen tid. Mennesker har til alle tider bedt, sagt mantraer, mediteret på deres egen indre lysende forbindelse til det guddommelige kærlighedsfelt. Du er en del af dette tidløse felt og uendeligheds hav.

4. Der skabes et helligt rum inde i dig. Prøv at gå dybt ind i dette rum, mærk energien i det, måske får du billeder eller andre sansninger. Vær i den smukke energi.

5. Nu fyldes dit hellige rum med gyldent lys, og lyset omslutter dig og det gennemtrænger dig. Vær dette lys. Giv dig god tid.

6. Nu beder du om, at dette kærlighedsrum, dette gyldne lys må være med dig altid, som et livslys og en vejviser. Et lys, du altid kan kontakte, specielt når noget er svært og tungt.

7. Forbind dit lys med det højeste i dig, de højeste aspekter af dig - når du føler dig mest hel og fyldt af lys, glæde og kærlighed.

8. Nu visualiserer du, hvordan du bringer disse smukke energier videre med ind i dit liv. Se dem som et lysende gennemtrængende felt i og omkring dig. Det er en del af dig, det ER dig, når du bevæger dig rundt i dit liv – i dit hjem, med din familie, i naturen, er på arbejde, snakker med naboen. Hav det altid med dig og vid, at du er velsignet.

9. Nu sidder du en stund med åbne øjne, hvor du fastholder følelsen af, hvordan du er gennemtrængt af det lysende gyldne felt.

Kapitel 12

UNIVERSET ER BEVIDSTHEDEN,
DER MANIFESTERER PÅ FORSKELLIGE NIVEAUER
FOR AT UDVIKLE SIG PÅ DE FORSKELLIGE NIVEAUER
Mark v/ Jonette Crowley

12 Essens

12.1 At blive et åndeligt væsen

Overgivelsen har mange udtryk, og uanset om den sker gennem en længere indre proces eller mere spontant, er det noget, der skal integreres dybere. Og det sker langsomt, i tre faser.

Vi mærker den åndelige energi i en første kontakt

Vi gentager oplevelsen igen og igen og bliver mere og mere forbundet til energien

Endelig identificerer vi os med at være energien

Jeg vil konkretisere det med min proces gennem de seneste 12 år. Den første kontakt lægger et kim i os. Det kan ske, fordi vi er parate. Min parathed bestod eksempelvis i at sige ja til at gå ind i processen med sanserejserne, at sige ja til, at oplevelsen i templet på Arcturus var noget reelt og vigtig nok til at følge op efter kurset. Og jeg var helt parat. Det føltes nærmest som en længsel, som om oplevelsen i templet på Arcturus var et kald.

De mange sanserejser virker derefter som en gentagelse af det første ja, og i årene derefter åbner jeg dybere til åndsuniverset med ordene "I Am Mahatma" og udbygger forbindelsen ved at gentage dette i en række indre rejser. De ord rummer samtidig det tredje skridt, identifikationen. Det er en del af mig. Det er mig.

På samme måde vil mennesker, der har mødt Jesus eller en anden religiøs skikkelse, ofte vende tilbage til denne oplevelse og gøre kontakten til en aktiv del af deres liv. Casper Christensen fortæller om det, og forfatteren Charlotte Rørth beskriver det samme i hendes bog: *Jeg mødte Jesus* (Rørth 2015).

Disse former for kontakt er både energimæssig og bevidsthedsmæssig. Vi kan få nye indsigter, men først og fremmest sker der noget i kroppen, som langsomt vænner sig til de nye energier. Det har jeg tidligere kaldt for rekalibrering, som i dette tilfælde handler om at integrere en åndsenergi. Denne tilvænning og integration er mønsteret i anden fase.

Integrationen er en langsommelig proces hen mod at blive mere og mere ét med den guddommelige kraft. Denne "væren ét med" må ses mere som en hensigt end et resultat. At forbinde sig med de guddommelige energier er en længere rejse, som ingen kan udfolde fuldt ud, men som eksempelvis foregår ved brugen af et mantra. Det kan være "I Am Mahatma", "I Am eller "Jeg er ét med Kristus".

Personligt var Mahatma min første forbindelse, og Mark–meditationerne har været en lang proces med at forbinde sig dybere og dybere til energier uden for tid og rum – vibrationsløse rum. Det var forudsætningen for følgende oplevelse fra 2024, hvor der skete en dybere integration.

Egentlig troede jeg blot, det ville være en kanalisering, der skulle fortælle mig, hvor jeg var i min proces. Men det interessante er det, der pludselig skete undervejs, bag om ordene. Og samtidig er processen et afsæt til næste bind i trilogien:

Det er med stor fornøjelse, vi siger noget om din proces, for vi ser med stor glæde, hvordan du er ved at træde ind i din åndseksistens, og det må du ikke holde tilbage.

Så vi vil blot sige, at du er i dit livs store omstilling
det skal du gå med i dine tanker, i din væren og forståelse.
Dette går også ind i dit forhold til sygdom.

Du er en af mange, der med tiden vil kunne helbrede enhver sygdom., for når det tolv-dimensionelle univers er renset og gennemsigtigt og åbent til åndsuniverset, så er der ingen sygdom, for kroppen er en del af det.

Der er ingen grund til frygt
der er kun grund til opmærksomhed

Testen ligger i alt du gør
at du ser dig selv som ren bevidsthed
også selve kroppen er bevidsthed
og det er her, at skridtet sker
ja, den krop, du mærker nu
er det tungeste lag af den bevidsthed

Den er ikke en manifestation på anden måde
end at det er det yderste led i den proces
det er at bringe åndsuniverset ned igennem alle lag
kroppen er det sidste lag

Dette skal fordøjes
dette er essensen
det er smukt
tak.

Det var overvældende, og oplevelsen kan ikke fanges ind med ord. Men det vigtige skete i slutningen af denne sætning:

For når det tolv-dimensionelle univers er renset og gennemsigtigt og åbent til åndsuniverset, så er der ingen sygdom, for kroppen er en del af det.

Det var her, der skete noget energimæssigt. En energi trådte ind i kroppen, samtidig med ordene at "kroppen er bevidsthed" dukkede op inde bag ved kanaliseringen.

Det var en indre a ha oplevelse, en energioplevelse, der blev knyttet til oplevelsen. En kroppens sandhed.

Oplevelsen var netop, at kroppen er bevidsthed, og jeg vidste med det samme, at nu er alt anderledes. Der er intet, der holder. Mit verdensbillede bryder sammen, alt skal ses i det nye perspektiv.

Og det gælder i en vis forstand også denne bog. At den er sand i sit perspektiv, personlighedens perspektiv, det perspektiv at vi gennem ascension processen søger det guddommelige, drevet af en indre længsel.

Perspektivet skifter. Ascension–processen erstattes af descension, åndens nedstigning i stoffet, ind i de tungere vibrationslag, som vi lever i til daglig. Denne proces er eksistentiel, og den er helbredende på helt andre måder. Det vil være tredje fase i Bevidsthedshospitalets arbejde.

12.2 Ouroboros

Med a ha oplevelsen er vi tilbage ved start
i kroppen, men i en ny oktav.

Vi startede med sanserejserne, med at alt har bevidsthed.
Og vi slutter her som Ouroboros symboliserer
det helt samme sted i ny oktav
at kroppen er bevidsthed
at alt er bevidsthed

det er næste bind
Den Vi Er

Tak

Perspektiver og Detaljer

Bogen afrundes med *appendix 1* om de universelle Mark- og Mahatma-felter og *appendix 2* om den fysiske verdens mikrokosmos og makrokosmos, fra quarks til Big Bang.

Herefter følger en oversigt over benyttet litteratur og links, en ordforklaring, et index.

Sidst er der en kort introduktion til trilogiens bind 2:
Den Vi Er – Den Magiske Bevidsthed.

Appendix 1

Mark og Mahatma felterne

Mark og Mahatma er universelle bevidsthedsfelter. De vil det samme, men gør det på hver sin måde.

De udtrykker begge enhedsbevidstheden, og de vil sætte menneskeheden fri ved at forbinde os til skabelsens kilde og føre os tilbage til vores oprindelse. Til den vi er.

Med deres indbyggede skabende og helende egenskaber er de hver for sig en drivkraft for det stærke evolutionære skifte, jorden er inde i.

Det er felter, som vi ikke skal personliggøre. Det er felter, der virker som en vej til at blive den, vi er.

Denne bog er stærkt inspireret af Mahatma-vejen, mens bind 2 vil være mere inspireret af Mark.

Mahatma

Mahatma er en åndelig energi og bevidsthed. Det er et multidimensionelt bevidsthedsfelt, som gør os i stand til at forene krop, sjæl og ånd. Og vi kan betragte feltet som en inspirationsstrøm, vi kan trække på.

Mahatma er forbundet til kilden. Det er et aspekt af Enhedsfeltet. Det er en af de måder, enhedsfeltet forbinder sig med den fysiske verden. En anden måde er Mark-feltet.

Uffe Bang skriver: "Oversat til computersprog vil jeg tænke på kroppen og vort DNA som 'hardware'. Mahatma, Kristus og Buddha er 'software'. Mahatma er en slags styresystem, der er blevet tilgængeligt efter Harmonic Convergence, en begivenhed, der fandt sted i august 1987."

Vi kan forstå Mahatma og Mark-felterne som to forskellige styresystemer lige som windows 11 og macOS er forskellige styresystemer i en computer. Det er styresystemerne, der bestemmer, hvordan den indkommende energi omsættes.

Mahatma-energien er som en bro mellem mennesket og vores guddommelige oprindelse. Nielsens Bevidsthedsmodel er en del af denne bro, den er en del af det styresystem, Uffe Bang taler om.

Vi kan opleve Mahatma-energien som en skabende strøm, vi kan samarbejde med, sådan som det er omtalt i bogens kapitel 8.

Mahatma-energien er samtidig dybt healende, og den udvider vores bevidsthed i takt med at vi integrerer sjælens mange lag.

Mahatmas historie

Feltet blev i 1987 forbundet til jorden ved en begivenhed, der betegnes som Harmonic Convergence og omtalt af kryon.
https://kryon.com/k_chanelhandbook01.html

Brian Grattan var linjeholder i 1. generation og har beskrevet energien i bogen Mahatma I + II. (Grattan, 1993). Energien kan mærkes her: https://is.gd/fPKNJR

Grattan: Mahatma

Uffe Bang videreførte arbejdet med Mahatma som en af flere linjeholdere i anden generation. Hans virke bidrog til at forankre energien i et netværk, hvor centrale temaer var bevidst hedens udvidelse, balance mellem det maskuline og det feminine, og jordens opstigning.

Mahatma bringer essensen af Enhedsfeltet og det guddommelige nærvær til mennesker som en direkte strøm fra Kilden. Vi kan integrere denne strøm gennem hjerteåbning, intention og indre stilhed.

På hjemmesiden uffebangmahatma.wordpress.com præsenteres et omfattende arkiv af hans tekster, der spænder fra tidlige indsigter til dybe refleksioner over Mahatmavejen.

Uffe Bang Mahatma

Den er ikke blot en kraft, men en bevidsthed, der svarer, når vi kalder på den. Mahatma-energien er en dyb transformation og en hjemvenden til sjælens kerne og dens guddommelige blueprint.

Mark feltet

MARK omtaler sig selv som kosmisk rejseguide, der træner os til at forstå og opleve kvantebevidsthed på et niveau, der er både dybt personligt og kollektivt. Siden 1989 har Jonette Crowley kanaliseret MARK, hvor navnet kunne antyde, at det er et væsen. Men Mark gentager gang på gang, at det er en enorm bevidsthed, som aldrig har været inkarneret på jorden.

Det handler om at opleve vores storhed, at bringe os i kontakt med alt det vi er og alt det, vi er i stand til.

MARK underviser en gang om ugen en større gruppe på zoom. Gruppen bringes ind i ekstraordinære tilstande af groundet bevidsthedsudvidelse, og derefter forklarer han, hvor vi har været.

De fleste rejser er hinsides ord, og omdirigerer dig til at være opmærksom på enorme dimensioner ud over det sædvanlige.

Vi kan finde og fastholde disse højere bevidsthedstilstande, hvilket gør dig i stand til at bryde fri af begrænsningerne i gamle programmer og vaner. Tilstandene af udvidet bevidsthed er fuldt ud funderet i vores egen oplevelse. Det personlige energifelt bliver løbende opdateret eller rekalibreret, så disse potentialer er bæredygtigt integreret i dit væsen. Du ved, at der er sket et skift, fordi du oplever det.

Efter sådanne oplevelser er vi ikke den samme person og kan ikke være det. I næste bind af trilogien omtaler jeg en række universelle felter som fred, kærlighed og Grace. Det er felter, jeg har været i kontakt med ved at følge Mark-meditationerne.

Mark

Mark: https://is.gd/m5L1uj

Hver 8. meditation er gratis:
https://is.gd/RAebgZ

Mark meditationer

Appendix 2

Makrokosmos og Mikrokosmos

Hvad finder vi derude i det store verdensrum, i makrokosmos. Og hvad finder vi derinde i det små, i mikrokosmos, med cellerne, atomerne, kvantelagene. Hvad siger naturvidenskaben?

Og hvad siger den om de tilhørende teorier, Einsteins almene relativitetsteori om makrokosmos, og kvantefeltteorierne der anvendes i mikrokosmos.

Makrokosmos består af det univers, vi ser ud i, med planeter, solen, stjerner, galakser, sorte huller og quasarer og hele universet. Her er en kort omtale af de enkelte.

Solen er en stjerne, omgivet af planeterne. Solen får sin energi fra fusionsprocesser i dens indre. Planeterne får varme fra solen.

Stjernerne ser vi på nattehimlen og vi kender en række stjernebilleder, som Karlsvognen, Orion og dyrekredsen, der indgår i astrologien.

Stjernerne er ligesom Solen millioner grader varme i deres indre. Varmen og energien til udstrålingen stammer fra fusionsprocesser. Fusion er en sammensmeltning af lette grundstoffer, der på den måde frigiver store mængder energi.

Galakserne består af millioner af stjerner. Alle de kendte stjerner og stjernebilleder hører hjemme i vores galakse, som hedder Mælkevejen. Andromeda er vores nabogalakse i rummet.

Galaksehobe er samlinger af millioner af galakser. Mælkevejen tilhører galaksehoben Laniakea.

Sorte Huller er uddøde stjerner, der er så tunge, at intet stof eller lys kan undslippe, dvs. at de er usynlige for os, men deres tyngdefelt er så voldsomt, at det kan ses på omgivelserne. Der findes et sort hul i centrum af alle galakser.

Quasarerne eller **kvasarerne** er de fjerneste objekter, man kan observere. Det er sorte huller, der befinder sig i centrum af fjerne galakser. Samtidig er det nogle af de mest lysstærke objekter, vi kender. Quasarer lyser ofte stærkere end det samlede lys af alle stjernerne i deres værtsgalakse. Hvor kommer det lys fra?

En Quasar består mere præcist af et kæmpestort sort hul og en omkringliggende skive af gas, der gradvist falder ind i det sorte hul. Det sorte hul udsender ikke lys, men gasskiven bliver opvarmet på grund af gnidning mellem de partikler, der er på vej ind i det sorte hul. Gassen i skiven lyser, fordi den bliver varm.

Når vi observerer quasarerne, ser vi milliarder af år tilbage i tiden, fordi lyset har brugt så mange år om at nå frem til jorden.

Big Bang er navnet på universets fødsel, men naturvidenskaben har ikke nogen forklaring på, hvad Big Bang er, andet end at det er en matematisk singularitet, der svarer til at skulle "dividere med nul".

Men man ved meget om, hvad der skete i de første millisekunder efter Big Bang.

Einsteins almene Relativitetsteori er teorien om tyngdekraft og dermed om makrokosmos. I mikrokosmos er tyngdekraften så svag, at den ikke kan måles. Her virker den elektriske kraft og kernekræfterne, og det er kvanteteorierne, der kan anvendes.

Mikrokosmos består af det univers, vi findes inde i os selv, inde i vores celler. Det er molekyler, atomer, protoner og neutroner (under ét kaldet nukleoner), elektroner, en lang række elementarpartikler og quarks.

Elektronerne og quarks er også elementarpartikler, men spiller en særlig rolle i bogen og er derfor omtalt særskilt.

Atomerne består af en atomkerne, omgivet af en række elektroner.

Atomkernen består af **protoner** med en positiv elektrisk ladning og **neutroner**, der er elektrisk neutrale, men som får kernen til at hænge sammen via de såkaldte kernekræfter.

Elektronerne er negativt ladede partikler, der ikke kan opdeles i bestanddele. Elektronerne er derfor elementarpartikler, der opstår ud af et elektron-kvantefelt (som ikke er det elektromagnetisk felt. Det elektromagnetisk felt er kvantefelt for lys).

Elementarpartikler er partikler, der ikke kan deles op i bestanddele.

Den mest kendte elementarpartikel er elektronen. Til hver type af elementarpartikel hører der et kvantefelt. Elementarpartiklerne opstår ud af dette kvantefelt.

En anden vigtig elementarpartikel er quarks.

Quarks eller kvarker er elementarpartikler, der udgør bestanddelene i protonerne og neutronerne. Der findes 6 forskellige typer af quarks. Tre quarks danner en proton og tre quarks danner en neutron. Quarks eksisterer ikke som frie partikler.

De tre quarks som udgør protonerne og neutronerne er hver for sig tungere end neutronen og protonen. Magien i dette er normal fysik, og det forklares med, at bindingsenergierne er så stærke, når quarks bindes sammen tre og tre, at de taber masse ifølge Einsteins ligning $E = m \times c^2$ (Undskyld, her kom bogens første ligning).

Kvantefelter er matematiske størrelser, som ikke kan iagttages direkte. Der findes ét kvantefelt til hver type elementarpartikel og alle disse kvantefelter udgør sammen ét kvantefelt.

kvantefelterne er fundamentet i kvantefeltteorier som standardmodellen, superstrengteori og M-teori. Denne bogs fortolkning er, at kvantefelterne er bevidsthedsfelter.

Kvantefeltteorierne er det bedste bud på en teori om mikrokosmos. Der er en konsensus om at benytte standardmodellen som en fælles reference, vel vidende at der er fænomener, den ikke kan forklare.

Hvor standardmodellen arbejder i 4 dimensioner, nemlig tid og rum, arbejder de øvrige teorier på at skabe en enhedsteori i 9, 10 eller 11 fysiske dimensioner, hvoraf tiden er den ene.

Man har udfordringer med at finde de mange fysiske dimensioner og taler om, at de kan være indfoldede, usynlige. Denne bog lægger op til at fysikerne skal arbejde i 12 dimensioner for at finde teorien om alt.

Antistof og antiunivers. Enhver partikel har en antipartikel. Det er en partikel med samme egenskaber, bortset fra at antipartiklen har modsat ladning. Elektronen har en antipartikel, som hedder positronen, protonen har en antipartikel, som hedder antiprotonen osv.

Man kan skabe antistof på Cern og lignende steder, men man kan ikke finde antistof i universet, for så snart en partikel møder sin antipartikel, smelter de sammen og bliver til lys.

Kvantefeltteorierne arbejder med symmetrilove, der betyder, at der ved universets fødsel skulle være skabt lige meget stof og antistof. Mysteriet for videnskaber er, hvor antistoffet befinder sig. Min oplevelse i bevidsthedsrejser er, at det befinder sig i et paralleluniver, og at vi vil kunne få adgang dertil, når videnskaben opdager to nye naturkræfter, der vil knytte dimensioner sammen.

Mørks stof hedder sådan, fordi man ikke kan finde det. Det er usynligt. Men det skal være der for at forklare, at galakserne hænger sammen. De synlige galakser og sorte huller er ikke tunge nok til, at tyngdekraften vil få dem til at hænge sammen.

Min hypotese er, at antiuniverset er en del af det mørke stof, og at resten måske befinder sig i et tredje paralleluniunivers.

Mørk Energi er på samme måde noget, man ikke kan finde og noget, der er nødvendigt for at teorier og målinger kan hænge sammen. Den mørke energi indfører fysikerne for at forklare, at universet udvider sig hurtigere og hurtigere.

Men det ser ud til, at målingerne har været mangelfulde og ideen om mørk energi kan opgives.

Litteratur og Links

Bang, Uffe 2020
Linjeholder for Mahatma-energien, som er
Omtalt side 30 og i appendix 2.
Mange af hans tekster ligger her:
https://uffebangmahatma.wordpress.com/

Mahatma

Christensen, Casper 2023
C.Chr. har åbent fortalt sin historie:
https://is.gd/sPVOa5

Casper Christensen

La Cour, Peter 2021
- *Hvad er vedvarende, uforklarede fysiske symptomer*, FADL 2021.

Peter la Cour er specialist i sundhedspsyko-
logi og tidligere leder af "Videnscenter for
Funktionelle Lidelser" i Region Hovedsta-
den. https://is.gd/TpJnwo

La Cour

Crowley, Jonette 2025
Mark-meditationerne:
https://is.gd/m5L1uj

Hver 8. meditation er gratis:
https://is.gd/RAebgZ
Mark-feltet er omtalt i Appendix 1

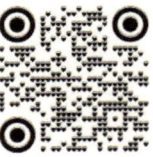

Mark

Dispenza, Joe 2025

- o Hjemmeside   https://drjoedispenza.com/
- o Web-konceptet https://is.gd/HvW3fF
- o Forskning   https://is.gd/KVG009
- o På youtube   https://is.gd/QIAQ6k

QR koder tilde fire links:

Dispenza Hjemmeside   Dispenza The Formula   Dispenza Forskning   Dispenza på Youtube

Finnemann, Jørgen 2020:

I 2020 har jeg udgivet 3 digtsamlinger med 33 metamorfoser:

- o *De Syv Vise,* www.bod.dk   2020
- o *Magien i Intetheden,* www.bod.dk 2020
- o *Det Evige Nu,* www.bod.dk 2020

 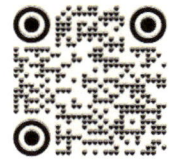 

De Syv Vise   Magien I Intetheden   Det Evige Nu

Hjemmesiden www.detnyeunivers.dk er under udarbejdelse.

Finnemann, Jørgen 2022

Tal med dine celler, Lydfil

- o **Cellekommunikation**
  Celleøvelsen ligger på youtube:
  www.youtube.com/watch?v=xGEDd-keO0IE&t=14s

Grattan, Brian 1993.
- o *Mahatma I + II*, Light Technology Publishing 1994
- o Der ligger mange videoer på youtube
- o Mahatma er omtalt i Appendix 1

Karsholt, Elsebeth 2020 og 2024

Vores Guddommelige Krop

- o *Din Guddommelige Krop*,
  Bod.dk 2020. En brugsbog med
  mange øvelser.

Ny Bevidsthed - Ny Virkelighed

- o *Ny Virkelighed – Ny Bevidsthed*,
  Bod.dk 2024. Indeholder som den
  første bog en del øvelser, men har
  mere tekst og en bevidsthedsmo-
  del.

Kvantekarina (2018): forklarer på underholdende og korrekt vis dobbeltspalteforsøget i løbet af få minutter.

https://is.gd/x2lJZf

Dobbeltspalteforsøget

Martinson, Harry 1956

Martinsons epos:
https://is.gd/qIcc4U

Operaen Aniara:
https://is.gd/FM7722

Martinson

Aniara

Michael, Ib 2024
- *Fra den anden side af Solskinnet*, Gyldendal 2024

Mindell, Arnold 1995
- *kroppens Budskab*, Klitrose 1995
- http://www.aamindell.net/

Myss, Caroline 2010
- *Ophæv Tyngdekraften*, Borgen 2010 (Defy Gravity 2009),
- *https://myss.com/*

Orbesen, Louise 2025
- *Leading Humans*: https://leading-humans.com/
- *Fem principper for ledelse*: https://is.gd/KRHWxy
- En række podcast med Louise Orbesen 2024-25: https://is.gd/RMYcQ6

der er QR-koder på næste side.

QR-koder til Louis Orbesen:

Leading Humans   5 Principper   Podcast Orbesen

Penrose, Sir Roger 2013

Penrose taler her om bevidsthedens kvan-
tenatur. Videoen varer 7 min.
https://is.gd/YiBJQy

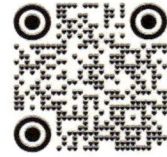

Penrose Bevidsthed

Pentagon 2020:

Offentliggørelsen af optagelser af UFO'er var fremme i alle me-
dier, incl. dansk TV. Her er nogle links:

- o DR: https://is.gd/Vsbgrr
- o wikipedia: https://is.gd/0bszRe
- o BBC: https://is.gd/bTbTkF

 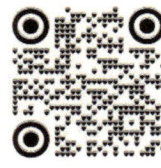 

DR om UFO'er   Wiki om UFO'er   BBC om UFO'er

Mere om UFO'er følger næste side.

Rahbek og Kleist 2024 – om Ufo'er:

- o *Lasse så en ufo i Sydgrønland. Nu er han ikke i tvivl om, at der er mere mellem himmel og jord*. Zetland 20.12.2024: https://is.gd/N3yn4L

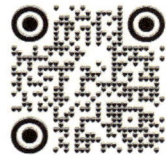

Zetland UFO'er

Rankin, Lissa 2014

- o *Din selvhelbredende kraft – Videnskabeligt bevis for at du kan helbrede dig selv"*. Forlaget Det Blå Hus, Gyldendal a/s 2014. Oprindelig titel: Mind over Medicine, 2013.
- o https://lissarankin.com/

Rasmussen, Erik 2003

- o *Den Dag, du får kræft*, Aschehougs Forlag 2003 i samarbejde med Kræftens Bekæmpelse.

Rørth, Charlotte 2015

- o *Jeg mødte Jesus* 2. udg. Gyldendal 2018

Tjalve, Eskild   2020

- o *Enhed*. Forlaget Enhed 2020. *https://eskildtjalve.dk/*

Ordforklaringer

Bevidsthed er grundstoffet i universet, der forbinder alt, gennemtrænger alt, er i alt. Vores tanker er kun en lille del af den samlede bevidsthed. I bogen her taler jeg om sjælsbevidsthed i 12 dimensioner og åndsbevidstheden som livets kilde, der rækker ud over vibration.

Det store skifte på jorden handler om at komme i kontakt med bevidsthedens skabende og helende kraft. Det er bevidstheden, der skaber stof, ikke omvendt.

Felter møder vi som elektriske felter, tyngdefeltet, kvantefelter, bevidsthedsfelter osv.

Felter har udstrækning. Nogle felter gennemtrænger hele universet.

Et eksempel: Der er en tiltrækningskraft fra solen i hvert eneste punkt omkring solen. Det er et tyngdefelt, et kraftfelt, på samme måde som jordens tyngdefelt. Det er solens tyngdekraft, der holder planeterne fast i en bane om solen.

Naturvidenskabens felter kan måles i hvert eneste punkt. Bevidsthed kan ikke måles på samme måde.

Bevidstheden er et felt, der findes overalt i og uden for universet, sådan som jeg har beskrevet det med sanserejserne. Feltet kan sanses med vores højere sanser, som er en kilde til viden i den videnskab, der hører til Det Nye Univers.

Kvantefelterne er det grundlæggende begreb i kvantefeltteorierne. Kvantefelterne er vibrerende felter af energi, der gennemtrænger universet. Hver eneste elementarpartikel er udsprunget af et kvantefelt.

Sammensmeltningen af naturvidenskab og spiritualitet sker i kraft af tesen: kvantefelterne er bevidsthedsfelter. Den tese udspringer både af min erfaring og som an naturlig tolkning af nulpunktsenergien, som fortæller, at kvantefelterne er som en evigt boblende suppe af energi og partikler, der konstant skabes og opløses.

Mundbrand, Burning Mouth Syndrom, BMS omtales på sundhed.dk i en gammel årsag-virknings filosofi.

https://is.gd/y7Zy2I

Mundbrand

Ouroboros er konstant i gang med at fortære og genføde sig selv.

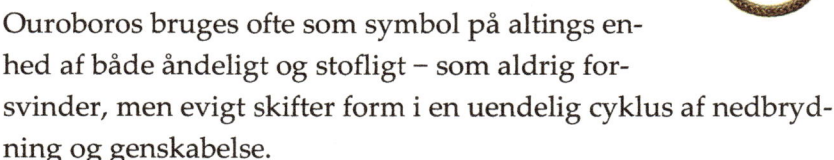

Ouroboros bruges ofte som symbol på altings enhed af både åndeligt og stofligt – som aldrig forsvinder, men evigt skifter form i en uendelig cyklus af nedbrydning og genskabelse.

Ouroboros repræsenterer desuden kredsløb i den forstand at noget konstant genskaber sig selv i en evig tilbagevenden til det relative udgangspunkt.

Indeks

Bind 2: Den Vi Er – Den Magiske Bevidsthed

Bind 2 i Trilogien *Det Nye Univers* udfolder det nye større verdens-billede, hvor naturvidenskaben udgør en mindre del. Bevidsthe-den er grundstoffet. Alt er bevidsthed. Det er en enhedsforståelse.

Vi indkredser, hvad bevidstheden er for en størrelse. Det sker gen-nem en række teser, og det sker ved at se, hvordan den udfolder sig i de højere dimensioner.

Vi møder en række universelle felter, som Grace, Kærlighed, Ven-lighed og Fred og ser, hvordan vi kan arbejde med dem i praksis.

De syv elementer præsenteres med deres betydning for, at menne-skeheden fremover vil kunne integrere energier, der ikke har væ-ret kendt på jorden tidligere.

Idegrundlaget for Bevidsthedshospitalet 2040 præsenteres og vi kommer dybere i vores forbindelse til enhedsfeltet med dets ibo-ende skabende kraft.